临时需要用到的一个词

西语关键词 6000

张文美 著

北京理工大学出版社
BEIJING INSTITUTE OF TECHNOLOGY PRESS

使用说明

 360度全透视，掌握关键单词

本书收录各种生活常见情境，并从多角度切入，精选出最常用的 6 000 个关键词。单词是句子的关键，只要说出重要的关键单词，就算无法完整说出一句话，也能够轻松用西语沟通。

Modo de uso •

Punto 2
一看就会使用的句型，实用的日常生活短语

西语会话中，除了"关键词+关键词"的说话方式之外，基本的简单句型也是必备的，另加上几句常用的生活短语，把句型和短语如同记单词一样记下来，在西语对话中更能无往不利。

Punto 3
天天在说的西语生活会话

本书针对几个重要的生活情境，补充数组基本生活对话，方便读者掌握对话脉络，熟悉西语对话方式。此外，根据对话内容补充关键句型，举一反三，学习更有成效。

003

使用说明

Punto 4 多元贴心设计，方便读者学习记忆

❶ 附赠西班牙籍老师录制的 MP3

不用担心发音不好，不敢开口，本书特地邀请西班牙老师录制单词、例句，方便读者对照学习，边听边念，听力与口语能力同步提升。

★ 本书附赠音频为 MP3 格式。

❷ **常用频率星号表示**
作者根据在国外生活体验及多年来的教学经验，为全书的单词标示出常用频率星号，星号越多表示越常用，星号越少则表示越少使用。

❸ **可爱插画方便记忆**
人是图像记忆式的动物，本书根据内容随机配上可爱插图，除了可以缓解读者阅读的疲累感之外，更方便读者看图联想记忆，学习成效倍增。

❹ **轻巧随行的小开本**
本书特别设计为方便读者随身携带的开本大小，轻便易携，放在包里也不占空间，随拿随翻手也不疲累，整个城市都是你的西语学习的教室。

发音入门

字母表（Abecedario）

西班牙语一共有 27 个字母，包含了 5 个元音和 22 个辅音，其中"Ch""Ll"跟"rr"这三个是复合字母，不包括在字母表上，为了让读者更清楚了解，仍将这三个字母放在字母表上供参考。西班牙语的拼音方式非常容易，即使没其他的发音记号，只要能扎实掌握辅音及元音的发音技巧，无论是否理解单词的意思，边读边写也不会有太大的困难。

大写 / 小写	发音
A/a	/a/
B/b	/b/, /β/
C/c	/k/, /θ/
Ch/ch	/tʃ/
D/d	/d/, /ð/
E/e	/e/
F/f	/f/
G/g	/g/, /x/
H/h	/Ø/

大写 / 小写	发音
I/i	/i/
J/j	/x/
K/k	/k/
L/l	/l/
Ll/ll	/ʎ/
M/m	/m/
N/n	/n/
Ñ/ñ	/β/
O/o	/o/

Pronunciación

大写 / 小写	发音
P/p	/p/
Q/q	/k/
R/r	/r/
- /rr	/rr/
S/s	/s/
T/t	/t/

大写 / 小写	发音
U/u	/u/
V/v	/b/, /β/
W/w	/β/
X/x	/s/, /ks/
Y/y	/y/, /i/
Z/z	/θ/, /s/

* ❶ 注意，rr 没有大写。
❷ k 和 w 是古西班牙语中没有的字母，通常用于外来语。
❸ 所有的字母都被当成阴性单数名词。

双元音（Diptongos）

强元音和弱元音一起，形成一个音节。

❶ 弱元音（i, u）+ 强元音（a, e, o）

ia ———————familia ——————— 家庭

ie ———————bien ——————— 好的

io ———————copio ——————— 复制

ua ———————agua ——————— 水

ue ———————suelo ——————— 地板

uo ———————cuota ——————— 额度

发音入门

❷ 强元音（a, e, o）+ 弱元音（i, u）

ai ————————aire ———————— 空气
ei ————————peine ———————— 梳子
oi ————————oigo ———————— 听
au ————————auto ———————— 汽车
eu ————————Europa ———————— 欧洲
ou ————————bou ———————— 拖网船

❸ 弱元音（i, u）+ 弱元音（i, u）

iu ————————cuidad ———————— 城市
ui ————————Luis ———————— 路易斯（人名）

Punto 三元音（Triptongos）

主要用于动词的第二人称复数式，主要形式是"弱母音＋强母音＋弱母音"

iai ————————estudiáis 学习（现在陈述式的第二人称复数）

iei ————————estudiéis 学习（现在虚拟式的第二人称复数）

uai ————————actuáis 表现（现在陈述式的第二人称复数）

uei ————————actuéis 表现（现在虚拟式的第二人称复数）

Pronunciación

重音 (Acento)

❶ 以元音 a, e, i, o, u 和辅音 n, s 结尾的单字，重音落在倒数第二个音节。

amigo --------- 朋友

garganta --------- 喉咙

❷ 除了 n, s 之外，以其他辅音结束的单字，重音落在最后一个音节。

feliz --------- 快乐的

reloj --------- 钟表

❸ 不是以上两种情况的话，要发重音，一定会有重音符号 " ′ "，表示单字的重音落在该字母上。

café --------- 咖啡

lápiz --------- 铅笔

若单字出现双元音，而弱元音有重音符号，则这两个元音要分开发音，形成第二音节。

tío --------- 叔叔、伯父等（同英文的 uncle）

tía --------- 阿姨、伯母等（同英文的 auntie）

目录

Capítulo 1 自我表述

- 01 | 自我介绍 / 002
- 02 | 寒暄近况 / 006
- 03 | 祝贺 / 012
- 04 | 赞美 / 016
- 05 | 情绪 / 020
- 06 | 答应与拒绝邀请 / 026
- 07 | 同意与反对 / 032
- 08 | 寻求帮忙与许可 / 038
- 09 | 鼓励与安慰 / 044
- 10 | 责备与抱怨 / 048

Capítulo 2 食物

- 01 | 食物相关 / 052
- 02 | 美式料理 / 064
- 03 | 欧式料理(食材) / 072
- 04 | 亚洲料理 / 080
- 05 | 日本料理 / 086
- 06 | 其他料理 / 092
- 07 | 速食店 / 098
- 08 | 咖啡厅 / 104
- 09 | 野餐 / 112

Índice

Capítulo 3 娱乐

- **01** | 百货公司 / 116
- **02** | 药妆店 / 126
- **03** | 电器街 / 136
- **04** | 便利商店 / 142
- **05** | 超级市场 / 148
- **06** | 夜景 / 154
- **07** | 滑雪 / 160
- **08** | 购物中心 / 166
- **09** | 博物馆 / 174
- **10** | 赏枫 / 180
- **11** | 海滩 / 186
- **12** | 登山 / 194
- **13** | 运动 / 202
- **14** | 健身房 / 220
- **15** | 夜生活 / 228
- **16** | 节庆 / 236

Capítulo 4 衣服

- **01** | 帽子 / 244
- **02** | 上衣 / 252
- **03** | 裤子与裙子 / 260
- **04** | 鞋子 / 268

目录

 5 交通

01 | 开车 / 276
02 | 骑车 / 284
03 | 公交车与出租车 / 292
04 | 飞机 / 300
05 | 火车 / 308
06 | 地铁 / 316
07 | 高铁 / 322
08 | 交通状况 / 328

 6 住宿

01 | 酒店 / 340
02 | 租房与买房 / 350
03 | 宿舍 / 360

 7 教育

01 | 校园 / 372
02 | 图书馆 / 382
03 | 考试 / 388
04 | 社团活动 / 394

 8 紧急状况

01 | 问路 / 404
02 | 生病 / 408
03 | 遗失物品 / 414
04 | 打电话 / 422
05 | 拍照 / 428

Capítulo 1
Uno
自我表述

01 | 自我介绍
02 | 寒暄近况
03 | 祝贺
04 | 赞美
05 | 情绪
06 | 答应与拒绝邀请
07 | 同意与反对
08 | 寻求帮忙与许可
09 | 鼓励与安慰
10 | 责备与抱怨

临时需要用到的一个词 **西语关键词6000**

状况 01
自我介绍

人物

自我介绍时会用到的人称？

yo
(主格) ★★★★
我

nosotros (阳性)
nosotras (阴性)
(主格) ★★★★
我们

tú / vos
vosotros (阳性)
vosotras (阴性)
(主格) ★★★★
你
你们；你们

él
(主格) ★★★★
他

ella
(主格) ★★★★
她

ellos (阳性)
ellas (阴性)
(主格) ★★★★
他们；她们

种类

自我介绍时会讲到的国籍

extranjero (阳性)
extranjera (阴性)
(名词 / 形容词) ★★★★
外国人

chino (阳性)
china (阴性)
(名词 / 形容词) ★★★★
中国人

japonés (阳性)
japonesa (阴性)
(名词 / 形容词) ★★★★
日本人

coreano (阳性)
coreana (阴性)
(名词 / 形容词) ★★★
韩国人

tailandés (阳性)
tailandesa (阴性)
(名词 / 形容词) ★★★
泰国人

estadounidense
(名词 / 形容词) ★★★
美国人

inglés (阳性)
inglesa (阴性)
(名词 / 形容词) ★★★
英国人

francés (阳性)
francesa (阴性)
(名词 / 形容词) ★★
法国人

alemán (阳性)
alemana (阴性)
(名词 / 形容词) ★★
德国人

europeo (阳性)
europea (阴性)
(名词 / 形容词) ★★
欧洲人

Capítulo 1 自我表述

状况 01 自我介绍

动作
自我介绍时会用到动词

saludar
(动词)
问候

¡Hola!
(感叹词)
哈喽！（打招呼）

saludar con la mano
(词语)
挥手致意

la reverencia
(名词)
鞠躬

presentar
(动词)
介绍

la conversación
(名词)
谈话

种类
自我介绍会说到的身份

el trabajo
(名词)
工作

la profesión
(名词)
职业

el pintor (阳性)
la pintora (阴性)
(名词)
画家

el cantante (阳性)
la cantante (阴性)
(名词)
歌手

el abogado (阳性)
la abogada (阴性)
(名词)
律师

el doctor (阳性)
la doctora (阴性)
(名词)
医生

el artista (阳性)
la artista (阴性)
(名词)
艺术家

el escritor (阳性)
la escritora (阴性)
(名词)
作家

el actor (阳性)
(名词)
男演员

la actriz (阴性)
(名词)
女演员

el dentista (阳性)
la dentista (阴性)
(名词)
牙医

临时需要用到的一个句型

西 ▶ **A soy / eres / es / somos / sois / son B**

中 ▶ **A 是 B**

- Yo soy chino / china. 我是中国人。
- Yo soy estudiante. 我是学生。

西 ▶ **A no soy / eres / es / somos / sois / son B**

中 ▶ **A 不是 B**

- Yo no soy japonés / japonesa. 我不是日本人。
- Yo no soy ingeniero / ingeniera. 我不是工程师。

贴心小补充

在第一个例句中,chino, china / japonés, japonesa 除了是名词之外,也可以当作形容词,所以,Yo soy chino / china 或 Yo soy el chino / la china 都是正确的句型,习惯上来说,当对方询问国籍时,以第一个用法较为常见。第二个用法要使用在特殊情况,"我就是那个中国人"。西语系国家的名词和形容词同形,差别在于冠词,冠词会跟着名词的阴阳性和单复数变化。

形容词方面也有阴阳性和单复数,整句要保持一致性。

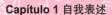
Capítulo 1 自我表述

状况 01 自我介绍

临时需要用到的一个句型

是吗？（以 sí / no 回答的问句）
BE 动词为首之问句时可以把主词 A 省略。

Soy / eres / es / somos / sois / son B（名词）？
Soy / eres / es / somos / sois / son B（形容词）？

- ¿Eres estudiante? 你是学生（名词）吗？
- ¿Es linda? 她漂亮（形容词）吗？

是～呢？（以事实陈述回答的问句）
Cómo / cuándo / cuánto / cuál / dónde / qué / quién / por qué
怎么 / 何时 / 多少 / 哪一个 / 何地 / 何物 / 何人 / 为何

- ¿Cómo te llamas? 你叫什么名字？
- ¿Cuánto cuesta? 多少钱？
- ¿De dónde viniste? 你是从什么地方过来的？
- ¿Qué te pasó? 你发生了什么事？
- ¿Por qué estás tan enojado? 你为什么这么生气？

临时需要的生活短语

- Encantado（说话者是男性）/ Encantada（说话者是女性）
  很高兴认识你。

- La reunión de hoy es muy alegre.
  今天的会面很开心。

- Siempre he escuchado a Jane hablar sobre ti, mucho gusto en conocerte.
  我常听珍提起你，很高兴认识你。

状况 02
寒暄近况

种类
问候时会说的话

¡Buenos días!
(短语) ★★★★
早安！

¡Buenas tardes!
(短语) ★★★★
午安！

¡Buenas noches!
(短语) ★★★★
晚安！

Que tengas un buen sueño
(词语) ★★★★
祝好梦（用于睡前）

¿Cómo estás?
(问句) ★★★★
你好吗？

¡Chao!
(感叹词) ★★★★
再见！

种类
在家碰到他人时会说的话

¡Bienvenido!
(阳性)
¡Bienvenida!
(阴性)
(感叹词) ★★★★
欢迎！

el piso
(名词) ★★★★
公寓

la puerta
(名词) ★★★
门

el ascensor
(名词) ★★★
电梯

saludar con la mano
(词语) ★★★
挥手致意

la reverencia
(名词) ★★★
鞠躬

tarde
(副词) ★★★★
晚

temprano
(副词) ★★★
早

saludar
(动词) ★★★
问候

encontrar
(动词) ★★★
遇见

ver
(动词) ★★★★
看见

salir
(动词) ★★★★
离开

Capítulo 1 自我表述

状况 02 寒暄近况

话题
寒暄近况的主题

ascender de puesto de trabajo
(词语)
升官

planear
(动词)
计划

jubilarse
(动词)
退休

renunciar
(动词)
辞职

casarse
(动词)
结婚

comprometerse
(动词)
订婚

la salud
(名词)
健康状况

enfermar
(动词)
生病

estudiar
(动词)
读书

aumentar el sueldo
(词语)
加薪

viajar
(动词)
旅游

la amistad
(名词)
友谊

quedarse embarazada
(动词)
怀孕

动作
寒暄近况时会做的动作

felicitar
(动词)
恭喜

visitar
(动词)
拜访

informar
(动词)
通知

el rumor
(名词)
八卦，流言

el encuentro
(名词)
见面

charlar
(动词)
聊天

状况 02
寒暄近况

形容
对于近况的形容词

bien (副词)
好 ★★★★

contento (阳性)
contenta (阴性)
(形容词)
高兴的 ★★★★

excitado (阳性)
excitada (阴性)
(形容词)
兴奋的 ★★★★

sorprendido (阳性)
sorprendida (阴性)
(形容词)
惊喜的 ★★★★

cansado (阳性)
cansada (阴性)
(形容词)
疲倦的 ★★★★

feliz (形容词)
开心的 ★★★★

satisfecho (阳性)
satisfecha (阴性)
(形容词)
满足的 ★★★

afortunado (阳性)
afortunada (阴性)
(形容词)
幸运的 ★★★★

enfermo (阳性)
enferma (阴性)
(形容词)
生病的 ★★★★

ocupado (阳性)
ocupada (阴性)
(形容词)
忙碌的 ★★★★

动作
和人离别时会说的动词

¡Cuídate! (祈使句)
保重！ ★★★★

contactar (动词)
联络 ★★★★

¡Chao! (感叹词)
再见！ ★★★★

ir (动词)
去；前往 ★★★★

abrazar (动词)
拥抱 ★★★

el apretón de manos (词语)
握手 ★★★

llamar por teléfono (词语)
打电话 ★★★

Capítulo 1 自我表述

状况 02 寒暄近况

形容

对于天气的形容

soleado (阳性)
soleada (阴性)
(形容词) ★★★★
阳光充足的

lluvioso (阳性)
lluviosa (阴性)
(形容词) ★★★★
下雨的

la niebla
(名词) ★★★★
雾

húmedo (阳性)
húmeda (阴性)
(形容词) ★★★
潮湿的

frío (阳性)
fría (阴性)
(形容词) ★★★★
冷的

seco (阳性)
seca (阴性)
(形容词) ★★★★
干燥的

种类

常见天气的类型有哪些

el terremoto
(名词) ★★★★
地震

el tifón
(名词) ★★★★
台风

la nube
(名词) ★★★
云

nevar
(名词) ★★★
下雪

la tormenta de nieve
(名词) ★★★
暴风雪

la lluvia
(名词) ★★★★
雨

el huracán
(名词) ★★★
飓风

el tornado
(名词) ★★★
龙卷风

el granizo
(名词) ★★★
冰雹

la ola de calor
(词语) ★★★
热浪

la nieve
(名词) ★★★★
雪

la tormenta
(名词) ★★★
暴风雨

009

临时需要用到的**一段对话**

去朋友家打扰

A: (knock knock) Perdona, ¿hay alguien en casa?
（敲门）请问有人在家吗？

B: ¡Ya voy! ¿Quién es?
来了！请问是谁？

A: Soy Jenny, vengo de China, vengo a visitar al señor Wang.
我是中国来的珍妮，来拜访王先生。

B: Oh, ¡hola! Nosotros estamos esperándote. Por favor, entra.
哦，你好！我们正在等你呢，快进来吧。

A: Siento el retraso, mi vuelo se retrasó.
不好意思，我迟到了，我的飞机误点了。

西 ▶ ... venir（原型动词）de A
中 ▶ 从 A 地来的……

Venir（来）的动词变化：Yo vengo / Tú vienes / Él viene / Nosotros venimos / Vosotros venís / Ellos vienen

- Él es el nuevo alumnoy, viene de Alemania.
  他是德国来的新学生。
- Soy Keviny, vengo de Citibank. 我是花旗银行的凯文。

Capítulo 1 自我表述

状况 02 寒暄近况

临时需要用到的一段对话

在朋友家用餐

A: Todo se ve muy delicioso.
每样东西看起来都很好吃。

B: Y lo mismo es el sabor. Por favor, pruébalo.
吃起来也会一样美味的,请尽量吃。

A: ¿Me puedes pasar el pan?
你可以把面包传给我吗?

B: Claro, ¿te gusta esta salsa?
没问题,你喜欢这抹酱吗?

A: Esta es la mejor que he comido.
这是我吃过最好吃的。

会话注意事项

用来抹面包的,有以下几种:

la mermelada 果酱

el dulce de leche 牛奶焦糖酱

el paté 抹酱(较厚重的酱,像是鲑鱼抹酱或鹅肝抹酱)

la manteca 奶油

la crema de queso 奶油乳酪

其中,牛奶焦糖酱 el dulce de leche,是阿根廷的特产。

状况 03
祝贺

时间
祝贺他人的时间

el Año Nuevo
(词语) ★★★★
新年

el Año Nuevo Chino
(词语) ★★★
春节(农历新年)

el cumpleaños
(名词) ★★★★
生日

el Día Nacional
(词语) ★★★
国庆日

la Navidad
(名词) ★★★★
圣诞节

la Semana Santa
(词语) ★★★
复活节

种类
值得祝贺的事情有哪些

casarse
(动词) ★★★★
结婚

el casamiento
(名词) ★★★★
婚礼

nacer
(动词) ★★★★
出生

el nacimiento
(名词) ★★★★
出生

ascender de puesto de trabajo
(词语) ★★★★
升迁

comprometerse
(动词) ★★★★
订婚

jubilarse
(动词) ★★★
退休

la mudanza
(名词) ★★
搬迁；转移

el aniversario
(名词) ★★★★
纪念日

entrar en la escuela
(词语) ★★★
就学

el cumpleaños
(名词) ★★★★
生日

Capítulo 1 自我表述

状况 03 祝贺

种类
跟职场有关的祝贺

trabajar
(动词) ★★★
工作

aumentar el sueldo
(词语) ★★★
加薪

ascender de puesto de trabajo
(词语) ★★★★
升职；升官

renunciar
(动词) ★★★
退职

la inauguración
(名词) ★★★
开张

la sucursal
(名词) ★★★
分店

动作
祝贺他人时会说的动词

felicitar
(动词) ★★★★
恭喜

bendecir
(动词) ★★★★
祝福；保佑

agradecer
(动词) ★★★★
感谢

regalar
(动词) ★★★★
馈赠

esperar
(动词) ★★★
期待

情绪
祝贺他人时的情绪

emocionado (阳性)
emocionada (阴性)
(形容词) ★★★★
感动的

contento (阳性)
contenta (阴性)
(形容词) ★★★★
开心的

¡Con mucho gusto!
(感叹词) ★★★★
荣幸！

orgulloso (阳性)
orgullosa (阴性)
(形容词) ★★★★
骄傲的

feliz
(形容词) ★★★★
高兴的

临时需要用到的一个句型

祝贺某事（用于节庆）

西 ▶ **Feliz + 节日**

中 ▶ ……（节日）快乐

- Feliz cumpleaños.
  生日快乐。
- Feliz Navidad.
  圣诞快乐。
- Feliz Año Nuevo.
  新年快乐。
- Feliz Día de San Valentín.
  情人节快乐。

场合注意事项

欧美常以办派对来庆祝节日，除了邀请朋友们一起来同欢之外，也给朋友们一个当面送礼的机会。常见的庆祝派对有：

- Fiesta de cumpleaños 生日派对
- Fiesta de inauguración 乔迁派对
- Fiesta de Navidad 圣诞派对
- Fiesta de Halloween 万圣节派对
- Fiesta de despedida 欢送派对
- Despedida de soltero 单身派对（男）
- Despedida de soltera 单身派对（女）

Capítulo 1 自我表述

状况 03 祝贺

 临时需要用到的一个句型

表示恭喜或祝福他人或某事

西 ▶ **Felicitaciones por... / Felicidades por...**
中 ▶ **恭喜你……**

- Felicitaciones por ascender de puesto de trabajo.
  恭喜你升迁。
- Felicitaciones por el casamiento.
  恭喜结婚。

临时需要的生活短语

- **Te deseo que te recuperes pronto.**
  希望你早日康复。
- **Espero que estés mucho mejor.**
  希望你现在已经好多了。
- **Estoy orgulloso de ti.**
  我很为你感到骄傲。
- **Gracias por la invitación.**
  谢谢邀请。
- **Ya recibí el regalo que me enviaste.**
  我已经收到你寄来的礼物了。

状况 04
赞美

原因
会被称赞的原因

la personalidad
(名词) ★★★★
人格

la comprensión
(名词) ★★★
直觉；理解力

el concepto
(名词) ★★★★
观念；见识

la capacidad
(名词) ★★★★
能力

el rendimiento
(名词) ★★★★
效率

la ventaja
(名词) ★★★★
优势

种类
用来称赞他人的词汇

el acuerdo
(名词) ★★★★
同意、协定

asombroso (阳性)
asombrosa (阴性)
(形容词) ★★★★
令人惊奇的

inteligente
(形容词) ★★★
聪明的

ambicioso (阳性)
ambiciosa (阴性)
(形容词) ★★★
野心的；雄心的

hermoso (阳性)
hermosa (阴性)
(形容词) ★★★
外貌好的

bello (阳性)
bella (阴性)
(形容词) ★★★
外貌好的

amable
(形容词) ★★★★
友善的

la actitud
(名词) ★★★★
态度

perfecto (阳性)
perfecta (阴性)
(形容词) ★★★★
完善的；完美的

la consideración
(名词) ★★★★
考虑

el humor
(名词) ★★★★
幽默、脾气

trabajador (阳性)
trabajadora (阴性)
(形容词) ★★★
勤劳的

Capítulo 1 自我表述

状况 04 赞美

形容

赞美他人时会用到的形容词

bonito (阳性)
bonita (阴性)
(形容词)
可爱的 ★★★★

maravilloso (阳性)
maravillosa (阴性)
(形容词)
精彩的 ★★★

amoroso (阳性)
amorosa (阴性)
(形容词)
有爱心的 ★★★★

generoso (阳性)
generosa (阴性)
(形容词)
大方的 ★★★★

lindo (阳性)
linda (阴性)
(形容词)
漂亮的 ★★★★

correcto (阳性)
correcta (阴性)
(形容词)
正确的 ★★★★

elegante
(形容词)
优雅的 ★★★

impresionante
(形容词)
令人印象深刻的 ★★★

interesante
(形容词)
有趣的 ★★★

grande
(形容词)
伟大的 ★★★★

sabio (阳性)
sabia (阴性)
(形容词)
有智慧的 ★★★

increíble
(形容词)
不可思议的 ★★★★

diligente
(形容词)
勤奋的 ★★★

agradable
(形容词)
令人喜爱的 ★★★

educado (阳性)
educada (阴性)
(形容词)
有礼貌的 ★★★★

sensible
(动词)
敏锐的；敏感的 ★★★

reflexivo (阳性)
reflexiva (阴性)
(形容词)
深思熟虑的 ★★★

confiado (阳性)
confiada (阴性)
(形容词)
自信的 ★★

临时需要用到的一个句型

赞美他人

西▶ 主词 + muy + 形容词
中▶ 某人 / 某物很……

- Sr. Wang es muy generoso.
  王先生很大方。
- Susan es muy amable.
  苏珊非常友善。
- El chico nuevo es muy inteligente.
  新来的孩子很聪明。
- ¡Qué bueno eres!
  你真好！

临时需要的生活短语

- Puedes confiar en él, es muy responsable.
  你可以信任他，他很负责任。
- Él es un hombre decente. 他是个品格高尚的人。
- Tengo muy buena opinión de ella. 我对她评价很高。
- Anita es una de las mejores personasa que he conocido.
  安妮塔是我认识的最棒的人之一。
- Esto es lo mejor que he comido. 这是我吃过最好吃的。
- Este es el mejor viaje. 这是有史以来最棒的旅行。
- Esto es lo más lindo que he visto.
  这个是我看过最可爱的。

Capítulo 1 自我表述

状况 04 赞美

临时需要用到的一个句型

赞美对方常用的说法

西▶ **Qué + 形容词 + de tu parte**
中▶ 你真……

- Qué amable de tu parte. 你人真好。
- Qué generoso de tu parte. 你真大方。

回应对方称赞时常说的话：

- Gracias. 谢谢你。
- Gracias por tus palabras. 谢谢你的赞美。
- Gracias, no es nada. 谢谢你，你过奖了。

临时需要的生活短语

- Eres un buen amigo. 你真是一个很棒的朋友。
- Ella es realmente una bella. 她真是一个美人。
- Jim es un tipo inteligente, déjale que te ayude.
  吉姆是个聪明的家伙，让他帮你吧。
- María es muy buena en el cuidado de los bebés.
  玛莉很懂得怎么照顾宝宝们。
- Joe me ayuday, él es realmente la mejor persona.
  乔费尽心力地帮助我，他真是最棒的人。
- Estoy impresionado. 我大吃一惊。

状况 05
情绪

种类
各种情绪的状态

el humor (名词) ★★★
情绪；心情

el humor cambiante (词语) ★★★
阴晴不定

el mal humor (词语) ★★★★
坏情绪

el temperamento (名词) ★★★
脾气；性情

el estado (名词) ★★★★
状态

el sentimiento (名词) ★★★★
感觉

el deseo (名词) ★★★
欲求；欲望

la condición (名词) ★★★
状态；样子

la mejor condición (词语) ★★★★
最佳状态

la conciencia (名词) ★★★
意识

la reacción (名词) ★★★
反应

deprimido (阳性) **deprimida** (阴性) (形容词) ★★
消沉的

方式
表示情绪的方式

la expresión (名词) ★★★
表情

el lenguaje (名词) ★★★★
言语

la lágrima (名词) ★★★
眼泪

la idea (名词) ★★★★
主意

el método (名词) ★★★
方法

la risa (名词) ★★★
笑声

Capítulo 1 自我表述

状况 05 情绪

种类

开心的情绪

la alegría (名词) ★★★
欢乐

feliz (形容词) ★★★★
愉快的

la excitación (名词) ★★★
兴奋

cálido (阳性) **cálida** (阴性) (形容词) ★★★★
温暖的

la satisfacción (名词) ★★★
满足

la felicidad (名词) ★★★
幸福

gustar (动词) ★★★
欢喜

la tranquilidad (名词) ★★★
平静

la comodidad (名词) ★★★
舒适；舒服

relajado (阳性) **relajada** (阴性) (形容词) ★★★★
放松的

encantar (动词) ★★★★
热爱

aliviado (阳性) **aliviada** (阴性) (形容词) ★★★
安心的、松了一口气的

contento (阳性) **contenta** (阴性) (形容词) ★★★
快乐的

pacífico (阳性) **pacífica** (阴性) (形容词) ★★★
平和的

excitado (阳性) **excitada** (阴性) (形容词) ★★★
兴奋的

seguro (阳性) **segura** (阴性) (形容词) ★★★★
安全的

satisfecho (阳性) **satisfecha** (阴性) (形容词) ★★★
满意的

状况 05
情绪

种类

不开心的情绪

el enojo
(名词) ★★★★
生气

la furia
(名词) ★★★
愤怒

la envidia
(名词) ★★★★
妒忌

la preocupación
(名词) ★★★★
担心

la duda
(名词) ★★★★
怀疑

la confusión
(名词) ★★★★
困惑

la desgracia
(名词) ★★★
不愉快

la tristeza
(名词) ★★★★
悲伤

la decepción
(名词) ★★★★
失望

la conmoción
(名词) ★★★★
感动

la frustración
(名词) ★★★★
挫折

la ansiedad
(名词) ★★★
焦虑

el estrés
(名词) ★★★★
压力

la humillación
(名词) ★★★
侮辱

la falta de respeto
(名词) ★★★
不受尊重

el desprecio
(名词) ★★★
鄙视

la asquerosidad
(名词) ★★★
污秽

la presión
(名词) ★★★
压力

Capítulo 1 自我表述

状况 05 情绪

动作

讨论到不开心的情绪时的动作

fruncir las cejas
(词语) ★★★
皱眉

llorar
(动词) ★★★★
哭泣

el pánico
(名词) ★★★★
惊慌失措

el encogimiento de hombros
(词语) ★★★★★
耸肩

cerrar el puño
(词语) ★★★★★
握拳

la conmoción
(动词) ★★★
感动、惊动

consolar
(动词) ★★★
安慰

gritar
(动词) ★★★★
大吼

lastimarse
(动词) ★★
自残

discutir
(动词) ★★★★
争吵

abofetear
(动词) ★★
掴巴掌

apoyar
(动词) ★★★★
支持

pelear
(动词) ★★★★
争吵；肢体冲突

el puñetazo
(名词) ★★★
挥拳

criticar
(动词) ★★★
批评

el llanto
(名词) ★★★
啜泣

pellizcar
(动词) ★★★
捏

explicar
(动词) ★★★★
解释

临时需要用到的一个句型

西▶ Te ves + 形容词

中▶ 你看起来……

- Te ves preocupado.
  你看起来很担心。

- Te ves cansado. ¿Estás bien?
  你看起来很累,还好吗?

- Te ves pálido. ¿Está todo bien?
  你看起来很苍白,一切都好吗?

- Te ves estupenda. ¿Vas a una cita?
  你看起来很美。你要去约会吗?

补充句型

西▶ Ojalá / Esperar

中▶ 祝福;期盼/希望

虽然中文的翻译都是希望,但是两个单词的差别是比较大的!

一般来说,Ojalá 用来表示"不可能发生的事";Esperar 表示"可能发生的事"。

- Ojalá tuviera 18 años. 我真希望我十八岁。

  使用 Ojalá 表示现在一定已经超过十八岁了,这辈子都不可能十八岁了。

- Realmente espero cumplir rápidamente los 18 años.
  我真希望我是十八岁。

  使用 Esperar 表示现在小于十八岁,真希望十八岁快点到来。

Capítulo 1 自我表述

状况 05 情绪

临时需要用到的一段对话

安慰朋友

A: Te ves preocupado. ¿Qué te ha pasado?
你看起来很担心,发生什么事了?

B: Creo que he perdido mi billetera y no la encuentro en mi bolso.
我钱包好像弄丢了,我在包里找不到。

A: No puede ser. ¿Tienes alguna idea de dónde la pusiste?
不会吧!你有印象把它放到哪里了吗?

B: Ojalá lo recordara, pero no me acuerdo en absoluto.
我也希望我记得,但我什么也不记得了。

A: Volvamos al restaurante a buscarla, tal vez la dejaste allí.
我们回餐厅去看看吧,也许你忘在那边了。

临时需要的生活短语

- Cálmate. 冷静点。
- Tranquilízate. 镇定点。
- Anímate. 开心点。/ 振作点。
- Olvídate. 算了吧。/ 忘了吧。
- Reconócelo. 认了吧。

状况 06
答应与拒绝邀请

地点

提出邀请的地点

la ocasión
(名词)
场合 ★★★

la oportunidad
(名词)
机会 ★★★

el restaurante
(名词)
餐厅 ★★★★

la cafetería
(名词)
咖啡店 ★★★

la estación de tren
(词语)
火车站 ★★★★

el museo de arte
(词语)
美术馆 ★★★

mi casa
(词语)
我家 ★★★★

el hotel
(名词)
酒店 ★★★★

la confitería
(名词)
蛋糕咖啡店 ★★★★

el cine
(名词)
电影院 ★★★★

el parque
(名词)
公园 ★★★★

el zoológico
(名词)
动物园 ★★★★

el museo
(名词)
博物馆 ★★★★

el concierto
(名词)
演唱会 ★★★

el centro comercial
(词语)
百货公司 ★★★★

la exposición
(名词)
展览 ★★★

el parque de atracciones
(词语)
游乐园 ★★★

la galería de arte
(名词)
艺廊 ★★★★

la cita
(名词)
约会 ★★★★

Capítulo 1 自我表述

状况 06 答应与拒绝邀请

种类

邀请一起进行的活动

el pícnic
(名词)
野餐

ver la película
(词语)
看电影

hacer la compra
(词语)
购物

el brunch
(名词)
早午餐

beber bebidas alcohólicas
(词语)
喝酒

la excursión
(名词)
游览

leer
(动词)
阅读

la discusión
(名词)
讨论

el golf
(名词)
高尔夫球

la reunión
(名词)
会议

la natación
(名词)
游泳

la visita
(名词)
参观

subir a la montaña
(词语)
爬山

el crucero
(名词)
航游

el esquí
(名词)
滑雪

el carnaval
(名词)
嘉年华

la ceremonia
(名词)
典礼

la pesca
(名词)
钓鱼

临时需要用到的一个词 **西语关键词6000**

状况 06
答应与拒绝邀请

动作	理由
答应或拒绝邀请时会用到的动作	拒绝邀约的理由

invitar
(动词) ★★★★
邀请

contestar
(动词) ★★★★
回复

rechazar
(动词) ★★★★
拒绝

ofrecer
(动词) ★★★★
提供

aceptar
(动词) ★★★★
接受

sacar tiempo
(词语) ★★★★
腾出时间、抽时间

intentar
(动词) ★★★★
试着

acompañar
(动词) ★★★
作伴

recoger
(动词) ★★★★
接送

quedarse
(动词) ★★★★
停留

suplicar
(动词) ★★★★
恳求

disculparse
(动词) ★★★★
道歉

preguntar
(动词) ★★★★
询问

la razón
(名词) ★★★★
理由

la excusa
(名词) ★★★★
借口

enfermo (阳性)
enferma (阴性)
(形容词) ★★★★
生病的

libre
(形容词) ★★★
空闲的

ocupado (阳性)
ocupada (阴性)
(形容词) ★★★★
忙碌的

privado (阳性)
privada (阴性)
(形容词) ★★★★
私人的

Capítulo 1 自我表述

状况 06 答应与拒绝邀请

形容

讨论到邀约会用的词汇

contento (阳性)
contenta (阴性)
(形容词)
高兴的

feliz
(形容词)
快乐的

interesante
(形容词)
有趣的

hermoso (阳性)
hermosa (阴性)
(形容词)
美丽的

maravilloso (阳性)
maravillosa (阴性)
(形容词)
美妙的

famoso (阳性)
famosa (阴性)
(形容词)
著名的

agradable
(形容词)
愉快的

ocupado (阳性)
ocupada (阴性)
(形容词)
忙碌的

antipático (阳性)
antipática (阴性)
(形容词)
使人讨厌的

nervioso (阳性)
nerviosa (阴性)
(形容词)
紧张的

callado (阳性)
callada (阴性)
(形容词)
安静的

próximo (阳性)
próxima (阴性)
(形容词)
下次

delicioso (阳性)
deliciosa (阴性)
(形容词)
美味的

aburrido (阳性)
aburrida (阴性)
(形容词)
令人无聊的

coincidente
(形容词)
巧合的

mejor
(形容词)
最棒的

peor
(形容词)
最差的

conversador (阳性)
conversadora (阴性)
(形容词)
健谈的

临时需要用到的一个句型

邀约的常见用法

西 ▶ **¿Te gustaría ir...?**
中 ▶ **你想去……吗?**

- ¿Te gustaría tomar una taza de café conmigo?
  你愿意和我去喝杯咖啡吗?

邀请的其他常用句子

- Vamos a ver la exposición juntos.
  我们一起去看展览吧!

- Me gustaría invitarle a usted y a su familia a participar en mi fiesta de cumpleaños.
  我想邀请您和家人参加我的生日派对。

- ¿Por qué no vienes con nosotros para ir a hacer un pícnic este fin de semana?
  你这周末为何不和我们一起去野餐呢?

答应邀约的常见用法

- Con mucho gusto. 我很乐意。
- Voy a estar allí puntualmente. 我会准时到。
- Tengo muchas ganas. 我很期待。

拒绝邀约的常见用法

- Gracias por tu invitación, pero... 谢谢你的邀请,但是……。
- Gracias por invitarme, pero.... 谢谢你邀请我,但是……。
- Yo creo que no podré ir porque...
  我恐怕没有办法赴约,因为……。

Capítulo 1 自我表述

状况 06 答应与拒绝邀请

临时需要用到的一个句型

因为……所以…… / 虽然……但是……

`porque` 与 `por eso`

`aunque` 与 `pero`

这是大家常常用错的两个句型，因为中文的翻译是因为……所以…… / 虽然……但是……，所以 porque 常与 por eso 连用，aunque 常与 pero 连用。

但是，在西语中，这是错误的。

"因为……所以……"只用 porque 或只用 por eso。

"虽然……但是……"只用 aunque 或只用 pero。

- No fui a cenar con mi familia, porque tenía que trabajar en Nochevieja.
  因为我除夕要上班，所以没和家人一起吃晚饭。

- Ella me mandó un mensaje de texto sobre su dirección, por eso le puedo enviar una tarjeta postal.
  她发信息告诉我她的地址，所以我能寄明信片给她。

- Aunque se quedó dormido, todavía llegó a tiempo al trabajo.
  虽然他睡过头了，还是准时上班。

- Ella vive cerca de la oficina, pero siempre llega tarde.
  她住得离公司很近，但老是迟到。

状况 07
同意与反对

事物
会同意或反对的事物

la opinión
(名词)
意见 ★★★★

el proyecto
(名词)
提议；提案 ★★★★

la autorización
(名词)
授权 ★★★★

la idea
(名词)
想法 ★★★★

la emoción
(名词)
情感

种类
表示同意的词汇

aprobar
(动词)
同意；认可 ★★★★

acordar
(动词)
同意 ★★★★

el apoyo
(名词)
支持 ★★★★

el permiso
(名词)
许可

la negociación
(名词)
协商 ★★★

la comprensión
(名词)
理解、体谅 ★★

idéntico (阳性)
idéntica (阴性)
(形容词)
完全一致的 ★★★

el consentimiento
(名词)
同意 ★★

la discusión
(名词)
讨论 ★★★★

aceptar
(动词)
赞同 ★★

nada en común
(词语)
没有共同点 ★★★

Capítulo 1 自我表述

状况 07 同意与反对

形容

形容同意的词汇

bueno (感叹词)
可以

sí (副词)
是的

mismo (阳性)
misma (阴性)
(形容词)
同样的

muy (副词)
很；非常

así (副词)
如此

bien (副词)
正确地、好地

exacto (阳性)
exacta (阴性)
(形容词)
确切的

种类

表示反对的词汇

diferente (形容词)
不同的

juzgar mal (词语)
判断错误

desacuerdo (名词)
意见不合

rechazar (动词)
拒绝

discutir (动词)
争论

el conflicto (名词)
冲突

contra (介词)
违反

opuesto (阳性)
opuesta (阴性)
(形容词)
相反的

imposible (形容词)
不可能

ridículo (阳性)
ridícula (阴性)
(形容词)
荒唐的

状况 07
同意与反对

形容

形容反对的词汇

malo (阳性)
mala (阴性)
(形容词)
不好的 ★★★★

estúpido (阳性)
estúpida (阴性)
(形容词)
愚蠢的 ★★★★

aburrido (阳性)
aburrida (阴性)
(形容词)
无聊的 ★★★★

ridículo (阳性)
ridícula (阴性)
(形容词)
荒谬的 ★★★★

suficiente
(形容词)
足够的 ★★★★

fuera de la línea
(词语)
越线了 ★★★★

deshonesto (阳性)
deshonesta (阴性)
(形容词)
不诚实的 ★★★★

horrible
(形容词)
可怕的 ★★★

irreflexivo (阳性)
irreflexiva (阴性)
(形容词)
思考不周全的 ★★★

inaceptable
(形容词)
无法接受的 ★★★

grosero (阳性)
grosera (阴性)
(形容词)
无礼的 ★★★★

culpable
(形容词)
有罪的 ★★★★

increíble
(形容词)
无法置信的 ★★★★

hipócrita
(名词/形容词)
虚伪的、虚伪的人 ★★★★

tacaño (阳性)
tacaña (阴性)
(形容词)
小气的 ★★★★

pobre
(形容词)
贫乏的 ★★★★

falso (阳性)
falsa (阴性)
(形容词)
假的 ★★★★

Capítulo 1 自我表述

状况 07 同意与反对

动作

表示同意与反对时会用到的动词

prometer
(动词) ★★★★
答应

acordar
(动词) ★★★★
同意

permitir
(动词) ★★★★
允许

reconocer
(动词) ★★★
认可

creer
(动词) ★★★★
相信

convencer
(动词) ★★★
坚信

aceptar
(动词) ★★★★
接受

apoyar
(动词) ★★★★
支持

contrariar
(动词) ★★
反对

negar
(动词) ★★★★
拒绝

rechazar
(动词) ★★★
婉拒

discutir
(动词) ★★
辩论

rendirse
(动词) ★★★★
投降

insistir
(动词) ★★★★
坚持

ceder
(动词) ★★★★
退让

abandonar
(动词) ★★★★
退出

comprometerse
(动词) ★★★★
妥协

parar
(动词) ★★★★
停止

terminar
(动词) ★★★★
完成

035

临时需要用到的一段对话

邀约朋友出游

A: ¿Tienes algún plan para este domingo?
这个星期天你有没有约?

B: No, nada especial.
没,没有什么特定的约。

A: ¿Quieres que veamos una película juntos?
那要不要一起去看电影呢?

B: Suena muy bien. ¿Cuál quieres ver?
非常不错的提议。你想看哪一部?

A: ¡Depende de ti!
你决定吧!

B: ¿Dónde y cuándo quedamos?
那要约几点?在哪里?

A: Voy a recogerte a tu casa. ¿Las 10 en punto es demasiado temprano?
我去你家接你,十点会太早吗?

B: Las 10 en punto es perfecto.
十点刚刚好。

Capítulo 1 自我表述

状况 07 同意与反对

临时需要用到的一个句型

西 ▶ ... para nada
中 ▶ 一点也不…… / 完全不……

- No entiendo para nada por qué lo hizo.
  我一点都不能理解为什么要这么做。

- No me gusta para nada el nuevo gerente.
  我一点都不喜欢新经理。

西 ▶ Yo no puedo...
中 ▶ 我无法……

- No puedo entenderte. 我无法理解你。
- No puedo escuchar bien tu voz, porque a veces se entrecorta.
  我无法听清楚你的声音，你声音断断续续的。
- No puedo conseguir el contacto con él. 我无法联络到他。

临时需要的生活短语

- Estoy confundido. 我搞不懂。/ 我搞混了。
- Estoy totalmente de acuerdo contigo. 我完全同意你。
- Así es como hacen las cosas. 事情就是这么办的。
- Eso es agua pasada. 事过境迁了。
- ¿También puedo expresar mis puntos de vista?
  我也可以表示一下看法吗？
- Sin comentarios. 没意见。/ 无可奉告。

状况 08
寻求帮忙与许可

种类
会寻求帮忙的事项

地点
会寻求帮忙的地点

种类	地点
el tiempo (名词) 时间	**el centro de información** (词语) 旅客咨询中心(信息中心)
la localización (名词) 地点	**el tocador** (名词) 梳妆室
la dirección (名词) 方向	**el aseo** (名词) 洗手间
perdido (阳性) **perdida** (阴性) (形容词) 迷路的	**el baño** (名词) 厕所
la radiodifusión (名词) 广播	**el centro comercial** (名词) 卖场
buscar (动词) 寻找	**la comisaría** (名词) 派出所
	la oficina de objetos perdidos (词语) 失物招领处

la calle (名词) 街道

la estación de tren (词语) 火车站

la taquilla (名词) 售票处

la plataforma / el andén (名词) 月台

el aeropuerto (名词) 机场

el muelle (名词) 码头

Capítulo 1 自我表述

状况 08 寻求帮忙与许可

动作

寻求帮忙时会用到的动作

ayudar
(动词) ★★★★
帮忙

pedir auxilio
(词语) ★★★★
求救

el favor
(名词) ★★★★
拜托

mendigar
(动词) ★★★
恳求；乞讨

hablar
(动词) ★★★★
说话

entender
(动词) ★★★★
了解

asistir
(动词) ★★★★
协助

preguntar
(动词) ★★★★
询问

contar
(动词) ★★★★
讲述；说

suceder
(动词) ★★★★
发生；碰巧

perder
(动词) ★★★★
遗失

abandonar
(动词) ★★★★
遗弃

el problema
(名词) ★★★★
麻烦事

echarme una mano
(词语) ★★★★
帮我个忙

人物

会向谁寻求帮忙呢

el voluntario (阳性)
la voluntaria (阴性)
(名词) ★★★★
义工、志愿者

el policía (阳性)
la (mujer) policía (阴性)
(名词) ★★★★
警察

el compañero (阳性)
la compañera (阴性)
(名词) ★★★★
同事

el guía (阳性)
la guía (阴性)
(名词) ★★★★
导游

状况 08
寻求帮忙与许可

形容	时间	种类
形容寻求帮忙时会用到的词汇	寻求帮忙时会用到的时间	表示许可的词汇

¡Diablos!
(感叹词) ★★★
糟了！（口语）

pensar
(动词) ★★★★★
想~

impotente
(形容词) ★★★★
无助的

olvidar
(动词) ★★★★
忘记

interrumpir
(动词) ★★★★
打扰

molestar
(动词) ★★★★
打扰

---

recientemente
(副词) ★★★★
刚才

inmediatamente
(副词) ★★★★
最近

ahora
(副词) ★★★★★
现在

lo antes posible
(词语) ★★★★
越快越好

pronto
(副词) ★★★★
不久

mañana
(副词) ★★★★★
明天

esta noche
(词语) ★★★★
今晚

---

el permiso
(名词) ★★★★
许可

la aprobación
(名词) ★★★★
认可

la promesa
(名词) ★★★★
承诺

acordar
(动词) ★★★★
同意

entender
(动词) ★★★★
了解

saber
(动词) ★★★★★
知道

no hay problema
(词语) ★★★★
没问题

Capítulo 1 自我表述

状况 08 寻求帮忙与许可

形容
形容寻求许可时会用到的词汇

¿Cómo?
(副词)
如何?

¿Cuándo?
(副词)
何时?

si
(连接词)
如果

solo si
(副词)
除非(语境中)

por supuesto
(副词)
当然

claro
(副词)
当然

no te preocupes
(词语)
别担心

动作
寻求许可时会用到的动作

informar
(动词)
报告

planear
(动词)
计划

preparar
(动词)
准备

intentar
(动词)
尽力

rezar
(动词)
祈祷

esperar
(动词)
期待

adulador
(形容词)
谄媚

exigir
(动词)
要求

interrogar
(动词)
质问

demostrar
(动词)
证明

ganar
(动词)
获得

si es posible
(词语)
如果可以的话

临时需要用到的一个句型

会说某种语言

西▶ hablar
中▶ 说

注意：中国人习惯用：?Sabes hablar...? 但外国人普遍直接使用 ?Hablas...? 这是概念上的不同，中国人把说西语当做一种"技能"，但是国外的人普遍把说西语当成一种"选择"。

但以西语语法来说，都是正确的喔。

- ¿Sabes hablar inglés?
  你会说英语吗？

- ¿Hablas chino?
  你说中文吗？

- ¿Sabes hablar francés?
  你会说法语吗？

- No hablo inglés.
  我不会说英语。

- No hablo bien inglés.
  我不太说英语。

- Él habla muy bien francés.
  他的法语非常流利。

- Ella habla perfectamente chino.
  她的中文很棒。

Capítulo 1 自我表述

状况 08 寻求帮忙与许可

临时需要用到的一个句型

西 ▶ **Por favor, puede...?**

中 ▶ **能不能请您……?**

- ¿Por favor, puede ayudarme?
  我能不能请您帮忙?

- ¿Por favor, puede decirme?
  能不能请您告诉我?

- ¿Por favor, puede llevarme a la estación de tren?
  能不能请您带我去车站?

- ¿Por favor, puede hacerme un favor?
  能不能请您帮一下忙?

临时需要的生活短语

- la taquilla 售票处
- la oficina de objetos perdidos 失物招领处
- Échame una mano. 帮我一个忙吧。
- la información 服务台
- No te preocupes. 别担心。
- Me permitirá. 让我来吧。

状况 09
鼓励与安慰

种类
需要鼓励与安慰的情况

la situación (名词) ★★★★
状况

el resultado (名词) ★★★★
结果

la decepción (名词) ★★★★
失望

el fracaso (名词) ★★★★
失败

suspendido (阳性)
suspendida (阴性)
(形容词) ★★★★
不及格

el bajón (名词) ★★★
低潮

malinterpretar (动词) ★★★★
误解

estropear (动词) ★★★★
搞砸

perder (动词) ★★★★
失去

la tristeza (名词) ★★★★
悲伤

la ruptura (名词) ★★★★
分手

expulsar (动词) ★★★
开除、驱逐

形容
鼓励与安慰时会用到的形容词

inteligente (形容词) ★★★★
聪明的

joven (形容词) ★★★★
年轻的

detallado (阳性)
detallada (阴性)
(形容词) ★★★★
详细的

asombroso (阳性)
asombrosa (阴性)
(形容词) ★★★★
惊人的

gran (形容词) ★★★★
伟大的

¡Bravo! (感叹词) ★★★★
太棒了!

Capítulo 1 自我表述

状况 09 鼓励与安慰

词汇
鼓励与安慰时会用到的词汇

amistoso (阳性)
amistosa (阴性)
(形容词)
友善的 ★★★★

¡Vamos!
(感叹词)
加油! ★★★★

escuchar
(动词)
倾听 ★★★★

explicar
(动词)
解释 ★★★★

¡Olvídalo!
(感叹词)
忘了吧! ★★★★

creer
(动词)
相信 ★★★★

¡Anímate!
(感叹词)
振作起来! ★★★★

动作
鼓励与安慰时会用到的动词

consolar
(动词)
安慰 ★★★★

aliviar
(动词)
抚慰 ★★★

calmar
(动词)
使冷静 ★★★★

insistir
(动词)
坚持 ★★★★

dejar
(动词)
放弃 ★★★★

llorar
(动词)
流泪 ★★★★

despejado (阳性)
despejada (阴性)
(形容词)
明白的 ★★★★

culpar
(动词)
责备 ★★★★

olvidar
(动词)
忘记 ★★★★

convencer
(动词)
说服 ★★★

admirar
(动词)
欣赏 ★★★★

cambiar de opinión
(词语)
回心转意 ★★★

déjalo estar
(词语)
顺其自然 ★★★★

临时需要用到的一个句型

西▶ **No dejar... vencer.**

中▶ **别被……打倒。**

- No dejes que el rumor te venza.
  不要被流言打倒了。
- No voy a dejar que me venza.
  我不会被他打倒的。

临时需要的生活短语

- No me extraña. / Es por eso.
  果然如此！
- Vamos. 放马过来。
- No hagas más de Señor Bueno.
  别再当老好人。
- Cálmate. 先静下来。
- Dímelo a mí. 还用你说。
- Ya te lo dije, no me escuchaste.
  我早就跟你说过了，你不听。
- Hazlo tú mismo. 自己做。
- Ni lo sueñes. 想都别想。

Capítulo 1 自我表述

状况 09 鼓励与安慰

临时需要用到的一个句型

西 ▶ **hacer algo**
中 ▶ 弥补 / 做点什么

- Fue mi culpa, déjame hacer algo.
  是我的错,让我补偿吧。

- No quise hacerte daño, permíteme hacer algo por ti.
  我不是有意要伤害你的,让我弥补你吧。

- No sé lo que va mal, pero voy a hacer algo.
  我不知道哪里出了错,但我会弥补的。

临时需要的生活短语

- Ánimo. 打起精神来。
- Anímate. 振作一点。
- Estoy a tu lado. 你有我在身边。
- No te culpes. 别责怪自己。
- Es mi culpa. 我的错。
- La culpa es tuya, no culpes a nadie. 你只能怪自己。
- Tienes razón. 你说得对。
- Hablo por hablar. 我说说而已。

状况 10
责备与抱怨

描述
责备与抱怨的心情描述

el malentendido
(名词)
误解 ★★★★

insatisfecho (阳性)
insatisfecha (阴性)
(形容词)
不满足 ★★★

injusto (阳性)
injusta (阴性)
(形容词)
不公平的 ★★★★

defender
(动词)
维护；捍卫 ★★★★

proponer
(动词)
建议 ★★★★

种类
引起责备与抱怨的事物

la culpa
(名词)
过失 ★★★★

el error
(名词)
错误 ★★★★

culpar
(动词)
指责 ★★★★

quejarse
(动词)
抱怨 ★★★★

el propósito
(名词)
目的、企图 ★★★★

pedir
(动词)
要求 ★★★★

engreído (阳性)
engreída (阴性)
(形容词)
自大的 ★★★★

hablar a espaldas
(词语)
背后谈论 ★★★★

mentir
(动词)
说谎 ★★★★

irresponsable
(形容词)
不负责任的 ★★★★

romper
(动词)
违反；打破 ★★★★

la oposición
(名词)
对立 ★★★★

el chisme
(名词)
八卦 ★★★★

molestar
(动词)
找茬 ★★★★

Capítulo 1 自我表述

状况 10 责备与抱怨

动作

责备与抱怨时会做的动作
★ 不适用在长辈、初次见面、客户及主管上

hablar (动词)
说

murmurar (动词)
喃喃自语

maldecir (动词)
骂

pelear (动词)
吵架

despreciar (动词)
轻视

gritar (动词)
吼叫

tomar el pelo (动词)
戏谑

criticar (动词)
批评

juzgar (动词)
批评

cabrear (动词)
惹～发火（口语）

quejarse (动词)
牢骚

poniendo los ojos en blanco (词语)
翻白眼

形容

形容责备与抱怨的词汇

fastidioso (阳性)
fastidiosa (阴性)
(形容词)
令人厌烦的

egoísta (形容词)
自私的

odioso (阳性)
odiosa (阴性)
(形容词)
可恶的

la sangre fría (词语)
冷血的

arrogante (形容词)
傲慢的

codicioso (阳性)
codiciosa (阴性)
(形容词)
贪婪的

临时需要用到的一个句型

西 ▶ perder la paciencia

中 ▶ 发脾气、失去耐心

- Lo siento, anteayer perdí la paciencia contigo.
  我很抱歉前天对你发脾气了。
- Él siempre pierde la paciencia cuando está ocupado.
  他忙起来的时候总是容易发脾气。

西 ▶ Quejarse...

中 ▶ 抱怨……

- John siempre se estaba quejando de su compañero de trabajo. 约翰一直在抱怨他的同事。
- Deja de quejarte, empieza a trabajar.
  别抱怨了,做事吧!

临时需要的生活短语

- ¡Silencio! No te metas. 少插嘴!少管闲事。
- ¡Ándate! ¡Lárgate! 别管!闪开!
- ¡Ya es suficiente! 别太过分!
- ¡Cállate! 啰嗦!/ 别说了!
- ¡Deja de bromear! No me tomes por tonto.
  别开玩笑!别把我当笨蛋。
- ¿En serio? 有没搞错呀?/ 真的吗?
- ¡No lo puedo creer! 我不敢相信!
- ¿Estás loco / loca? 你疯了吗?

Capítulo 2
食物

Dos

01 | 食物相关
02 | 美式料理
03 | 欧式料理（食材）
04 | 亚洲料理
05 | 日本料理
06 | 其他料理
07 | 速食店
08 | 咖啡厅
09 | 野餐

临时需要用到的一个词 西语关键词6000

状况 01
食物相关

种类
上菜的顺序

el aperitivo
(名词) ★★★★
前菜

la ensalada
(名词) ★★★★
沙拉

la sopa
(名词) ★★★★
汤品

el plato principal
(词语) ★★★★
主餐

la guarnición
(名词) ★★★★
食物装饰配菜；副餐

el postre
(名词) ★★★★
甜点

种类
食物的烹调方式

freír
(动词) ★★★★
炸

asar
(动词) ★★★★
烤

hornear
(动词) ★★★★
烘焙

planchar
(动词) ★★★
煎

estofar
(动词) ★★★
炖

hervir
(动词) ★★★★
煮

el vapor
(名词) ★★★★
蒸汽

guisar
(动词) ★★★
卤、烧

picar
(动词) ★★★
绞碎

marinar
(动词) ★★★★
腌

hacer a la parrilla
(动词) ★★★★
炭烤

Capítulo 2 食物

状况 01 食物相关

主食
常见的主食

el fideo
(名词) ★★★★
面

la pasta
(名词) ★★★★
意大利面

el puré de patata
(词语) ★★★★
土豆泥

la patata al horno
(词语) ★★★
烤土豆

el arroz
(名词) ★★★★
米饭

el pan
(名词) ★★★★
面包

la batata
(名词) ★★★★
地瓜

酱料
常见的酱料

el kétchup
(名词) ★★★★
番茄酱

la mostaza
(名词) ★★★★
芥末酱

la salsa picante
(词语) ★★★★
辣酱

la mayonesa
(名词) ★★★★
美乃滋

la salsa barbacoa
(词语) ★★★
烤肉酱

调味料
常见的调味料

la pimienta
(名词) ★★★★
胡椒

el queso rallado
(词语) ★★★★
芝士粉

el ají
(名词) ★★★★
辣椒

la sal
(名词) ★★★★
盐

el azúcar
(名词) ★★★★
糖

el queso cremoso
(词语) ★★★★
奶油乳酪

状况 01
食物相关

形容

其他餐厅里常用的词汇

el menú del día
(词语) ★★★
今日特餐

el menú
(名词) ★★★★
菜单

la especialidad
(名词) ★★★★
特色菜

la recomendación
(名词) ★★★
推荐（菜色）

artesanal
(形容词) ★★★★
手工制作

orgánico (阳性)
orgánica (阴性)
(形容词) ★★★★
有机的

el ingrediente
(名词) ★★★★
食材

adicional
(形容词) ★★★
额外的

no poner
(词语) ★★★
不要放（食材）

repartir el gasto
(词语) ★★★★
分摊费用

el pedido
(名词) ★★★★
点餐

comer en el restaurante
(词语) ★★★★
堂食

llevar la comida
(词语) ★★★★
外带

vegetariano (阳性)
vegetariana (阴性)
(形容词) ★★★★
素食的

invitar
(动词) ★★★★
（某人）请客

hacer la cuenta
(词语) ★★★★
结账

envolver
(动词) ★★★★
打包

la propina
(名词) ★★★★
小费

Capítulo 2 食物

状况 01 食物相关

形容
与味道有关的形容词

salado (阳性)
salada (阴性)
(形容词)
咸的

afrutado (阳性)
afrutada (阴性)
(形容词)
水果味的

dulce
(形容词)
甜的

picante
(形容词)
辣的

ácido (阳性)
ácida (阴性)
(形容词)
酸的

rico (阳性)
rica (阴性)
(形容词)
好吃的

amargo (阳性)
amarga (阴性)
(形容词)
苦的

ahumado (阳性)
ahumada (阴性)
(形容词)
烟熏的

fuerte
(形容词)
浓的

podrido (阳性)
podrida (阴性)
(形容词)
腐败的

suave
(形容词)
清淡的

simple / soso
(形容词)
平淡无味的

形容
饮料的形容词

helado (阳性)
helada (阴性)
(形容词)
冰的

caliente
(形容词)
热的

exprimido (阳性)
exprimida (阴性)
(形容词)
现榨的

la bebida sin alcohol
(词语)
无酒精饮料

la bebida con alcohol
(词语)
酒类

状况 01
食物相关

食材

料理常用的蔬菜食材

la papa /
la patata
(名词)
土豆

la cebolla
(名词)
洋葱

el choclo /
el maíz
(名词)
玉米

la batata
(名词)
地瓜、甘薯

la calabaza
(名词)
南瓜

la arveja /
el guisante
(名词)
青豌豆

el repollo
(名词)
圆白菜

la zanahoria
(名词)
胡萝卜

el jengibre
(名词)
姜

el alga
(名词)
海带

el brócoli
(名词)
西兰花

el chalote /
el ajo tierno
(名词)
葱

la lechuga
(名词)
莴苣

el nabo
(名词)
白萝卜

el pimiento
verde
(名词)
青椒

el ajo
(名词)
大蒜

la harina
(名词)
面粉

el apio
(名词)
芹菜

la judía
(名词)
豆类

Capítulo 2 食物

状况 01 食物相关

食材

料理常用的肉类食材有哪些

la carne
(名词) ★★★★
肉类

el pescado
(名词) ★★★★
鱼肉

el cangrejo
(名词) ★★★★
螃蟹

la ternera
(名词) ★★★★
牛肉

la ostra
(名词) ★★★★
牡蛎

el cerdo
(名词) ★★★★
猪肉

el salmón
(名词) ★★★★
鲑鱼

la almeja
(名词) ★★★★
蛤蜊

la carne picada
(词语) ★★★★
绞的肉

el langostino
(名词) ★★★★
虾

el pulpo
(名词) ★★★
章鱼

el cordero
(名词) ★★★★
羊肉

la langosta
(名词) ★★★★
龙虾

el calamar
(名词) ★★★★
鱿鱼

el huevo
(名词) ★★★★
鸡蛋

el pollo
(名词) ★★★★
鸡肉

el mejillón
(名词) ★★★★
淡菜，贻贝

el ave
(名词) ★★
禽类肉品

el pato
(名词) ★★★★
鸭肉

状况 01
食物相关

形容

和料理有关的形容词

rico (阳性)
rica (阴性)
(形容词)
好吃的 ★★★★

fresco (阳性)
fresca (阴性)
(形容词)
新鲜的 ★★★★

delicado (阳性)
delicada (阴性)
(形容词)
口感细致的 ★★★★

delicioso (阳性)
deliciosa (阴性)
(形容词)
可口的 ★★★★

saludable
(形容词)
健康的 ★★★★

popular
(形容词)
受欢迎的 ★★★★

sabroso (阳性)
sabrosa (阴性)
(形容词)
好吃的 ★★★★

nutritivo (阳性)
nutritiva (阴性)
(形容词)
营养的 ★★★★

fino (阳性)
fina (阴性)
(形容词)
精致的 ★★★★

masticable
(形容词)
有嚼劲的 ★★★★

congelado (阳性)
congelada (阴性)
(形容词)
冷冻的 ★★★★

gustoso (阳性)
gustosa (阴性)
(形容词)
有风味的 ★★★★

decepcionado
(阳性)
decepcionada
(阴性)
(形容词)
失望的 ★★★★

asqueroso (阳性)
asquerosa (阴性)
(形容词)
恶心的 ★★★

la textura
(名词)
口感、纹理 ★★★★

quemado (阳性)
quemada (阴性)
(形容词)
烧焦的 ★★★

Capítulo 2 食物

状况 01 食物相关

种类
常见的各国料理

la cocina italiana
(词语)
意大利料理

la cocina francesa
(词语)
法国料理

la cocina japonesa
(词语)
日本料理

la cocina china
(词语)
中国料理

la cocina tailandesa
(词语)
泰国料理

la cocina coreana
(词语)
韩国料理

la cocina mexicana
(词语)
墨西哥料理

la cocina india
(词语)
印度料理

la cocina mediterránea
(词语)
地中海料理

la cocina turca
(词语)
土耳其料理

la cocina norteamericana
(词语)
美式料理

词汇
在餐厅会用到的词汇

la reserva
(名词)
订位

completamente reservado
(词语)
客满

el asiento
(名词)
座位

llevar al lugar
(词语)
带位

el recepcionista
(阳性)
la recepcionista
(阴性)
(名词)
接待员

la tarjeta de crédito
(词语)
信用卡

临时需要用到的一段对话

到西式餐厅用餐

A: ¡Hola! ¿Cómo estáis hoy? ¿Queréis un poco de bebida primero?
嗨！你们好吗？需要先来点饮料吗？

B: Vale. Agua estaría bien. ¿Podríamos también pedir un poco de pan?
好的，麻烦你，一般的水就可以了。还有，我们可以先来点面包吗？

A: Está bien, no hay problema. Vuelvo enseguida.
好的，没有问题。我马上就回来。

B: Disculpa, estamos dispuestos para pedir.
不好意思，我们可以点餐了。

A: ¿Qué os gustaría tomar hoy?
今天想点什么呢？

B: Una ensalada César y dos sándwiches de jamón y queso, por favor. Eso es por ahora.
请给我一份凯撒沙拉，两份芝士火腿三明治，先这样。

 补充句型

西 ▶ Me gustaría 数量 +（量词 de）东西．

中 ▶ 请给我 数量 的 东西 。

 **Capítulo 2** 食物

状况 01 食物相关

 临时需要用到的一段对话

购买贝果

A: ¡Hola!, me gustaría comprar unos beigeles. ¿Cuál es tu mejor recomendación?
嗨！我想买些贝果，你们卖得最好的是哪一种呢？

B: Yo diría que el clásico con el sabor integrado. Pero mi favorito es el queso crema de fresa.
我想是经典的综合口味，但我个人最喜欢的是草莓奶油乳酪。

A: Pues bien, ¿me das dos de cada uno y dos tazas de café?
那么请给我各两个，还有两杯咖啡好吗？

B: No hay problema, aquí tienes. Por favor, paga la cuenta en el mostrador.
没问题，这是你的餐点，请到前面柜台结账。

A: ¿Puedo pedir una bolsa extra?
我可多要一个袋子吗？

B: Cobramos 10 céntimos de euro por cada bolsa. ¿Está bien?
一个袋子 10 欧分，可以吗？

A: No hay problema.
没问题。

 补充句型

西 ▶ ¿Qué es / son 东西 ?
中 ▶ 东西 是什么呢？

临时需要用到的一段对话

购买纸杯蛋糕

A: Discúlpeme. ¿Cuánto cuestan las magdalenas?
不好意思,请问纸杯蛋糕怎么卖?

B: Dos salen por tres euros. Si te compras más hay más descuento.
两个三欧元,买的越多折扣越多。

A: ¡Suena bien! Me compro dos de vainilla, tres de chocolate y dos de fresa.
听起来很不错,那给我两个香草的、三个巧克力的和两个草莓的。

B: ¿Necesita algo más?
还需要其他的吗?

A: ¿Puedo probar el budín de banana?
我可以试吃香蕉布丁吗?

B: Por supuesto. Aquí está.
当然,这个给你!

A: Vaya, este es el mejor que he comido. Me lo llevo también.
这是我吃过最好吃的,我也要买这个!

B: Claro, son 10 euros en total.
好的,一共是十欧元。

西 ▶ ¿Cuánto cuesta / cuestan 东西 ?
中 ▶ 东西 多少钱?

Capítulo 2 食物

状况 01 食物相关

临时需要用到的一个句型

西▶ ¿Cómo + 反身动词？
中▶ 该如何……（进行动作）呢？

- ¿Cómo se come? 怎么吃？
- ¿Cómo se pide? 怎样点？
- ¿Cómo se hace la reserva? 怎样预约？
- ¿Cómo se dice? 怎么说？
- ¿Cómo se hace para que él entienda?
  怎么让他明白？

临时需要的生活短语

- Me estoy muriendo de hambre.
  我饿死了。

- Estoy llenísimo.
  我好饱。

- ¿Puedo probar un bocado?
  我可以吃一口吗？

- Tus ojos son más grandes que tu estómago, no pidas demasiado.
  你眼大肚子小，别点太多了。

- Por favor, no pongas cebolla. Es que tengo alergia.
  请不要加洋葱，我过敏。

临时需要用到的一个词 西语关键词6000

状况 02
美式料理

类型	种类
美式料理常见的类型	常见的前菜种类

la comida rápida
(词语) ★★★★
速食

la cafetería
(名词) ★★★★
咖啡厅

el bar
(名词) ★★★
小酒馆

la pizzería
(名词) ★★★★
披萨店

la fiambrería
(名词) ★★★
熟食店

el bistro
(名词) ★★★
小餐馆

el restaurante
(名词) ★★★★
餐厅

la ensalada
(名词) ★★★★
沙拉

la ensalada César
(词语) ★★★★
凯撒沙拉

el picadillo de quesos surtidos
(词语) ★★★
芝士拼盘

la alita de pollo
(词语) ★★★★
鸡翅

el picadillo surtido
(词语) ★★★
(碎末)拼盘

los aros de cebolla
(词语) ★★★★
洋葱圈

la sopa
(名词) ★★★★
汤

las rabas fritas
(词语) ★★★
炸花枝圈

las patatas fritas
(词语) ★★★★
炸薯条

los macarrones con queso
(词语) ★★★
芝士通心粉

la ensalada de frutas
(词语) ★★★
水果沙拉

Capítulo 2 食物

状况 02 美式料理

种类

常见的主菜种类

el bistec (名词) ★★★★
牛排

la pasta (名词) ★★★★
意大利面

el pollo frito (词语) ★★★★
炸鸡

la costilla (名词) ★★★★
肋排

el estofado (名词) ★★★★
炖肉（菜）

el langostino (名词) ★★★
明虾

la chuleta (名词) ★★★★
带骨肉排

gratinar (动词) ★★★
焗烤

el pato (名词) ★★★★
鸭肉

la chuleta de cerdo (词语) ★★★★
猪排

el sándwich de tocino, lechuga y tomate (词语) ★★★★
培根生菜番茄三明治

la chuleta de cordero (词语) ★★★★
羊排

el pollo (名词) ★★★★
鸡肉

la langosta (名词) ★★★★
龙虾

la hamburguesa (名词) ★★★★
汉堡

el salmón (名词) ★★★★
鲑鱼

el pavo (名词) ★★★★
火鸡

el sándwich (名词) ★★★★
三明治

la pizza (名词) ★★★★
披萨

el cangrejo (名词) ★★★★
螃蟹

状况 02
美式料理

食物单位
美式料理会出现的食物单位

una lata
(量词)
罐

un pedazo
(量词)
一块 (蛋糕)

una porción
(量词)
一份 (披萨)

una docena
(量词)
一打 (鸡蛋)

una botella
(量词)
一瓶

una taza
(量词)
一杯 (咖啡)

un vaso (de agua)
una copa (de vino)
(量词)
一杯 (水/酒)

种类
常见的早午餐种类

el huevo Benedict
(词语)
班尼迪克蛋

el panqué
(名词)
煎饼 (拉美方言)

sándwich de mermelada con pasta de cacahuete
(词语)
花生果酱三明治

la tortilla
(名词)
鸡蛋饼

la cazuela
(名词)
炖煮类

el pan de maíz
(词语)
玉米面包

el pan de molde
(词语)
切片面包

el waffle
(名词)
松饼

el huevo salteado
(词语)
炒蛋

el huevo duro
(词语)
白煮蛋

el huevo frito
(词语)
煎蛋

Capítulo 2 食物

状况 02 美式料理

甜点

常见的甜点种类

la tarta
(名词)
蛋糕

la torta Chiffon
(词语)
戚风蛋糕

**el budín /
el flan** (奶油蛋糕)
(名词)
布丁

el helado
(名词)
冰淇淋

el crepé
(名词)
法式可丽饼

el chocolate
(名词)
巧克力

el tiramisú
(名词)
提拉米苏

la mil hojas
(词语)
千层派

la tarta
(名词)
大蛋糕

el pastel
(名词)
派，糕点

el rollo de canela
(词语)
肉桂卷

el helado de yogurt
(词语)
酸奶冰淇淋

el fondue de chocolate
(词语)
巧克力火锅

el profiterol Éclair
(词语)
闪电泡芙

el profiterol
(名词)
泡芙

el brownie
(名词)
布朗尼

el algodón de azúcar
(词语)
棉花糖

la galleta
(名词)
饼干

la magdalena
(名词)
纸杯蛋糕（西班牙式）

状况 02
美式料理

动作
用餐时会使用的动作

probar
(动词)
试（酒） ★★★

pedir el menú
(词语)
点餐 ★★★★

comer
(动词)
吃 ★★★★

comer en exceso
(词语)
吃得过量 ★★★

beber
(动词)
喝 ★★★★

saborear
(动词)
尝 ★★★★

sorber
(动词)
啜饮 ★★★★

llevar
(动词)
拿 ★★★★

caer
(动词)
掉下 ★★★★

eructar
(动词)
打嗝 ★★★★

servir
(动词)
服务 ★★★★

envolver
(动词)
打包 ★★★★

人物
会看到的人物

el chef (阳性)
la chef (阴性)
(名词)
主厨 ★★★★

**el mozo /
el camarero**
(名词)
服务生 ★★★★

**la moza /
la camarera**
(名词)
女服务生 ★★★

el gerente (阳性)
la gerente (阴性)
(名词)
经理 ★★★★

el barman (阳性)
la barman (阴性)
(名词)
调酒师 ★★★★

Capítulo 2 食物

状况 02 美式料理

节庆料理
庆祝节日时常见的料理

el Día de Acción de Gracias
(名词) ★★★★
感恩节

el pavo
(名词) ★★★★
火鸡

el relleno
(名词) ★★★★
馅料

la salsa
(名词) ★★★★
肉汁

el pan
(名词) ★★★★
面包

el choclo / el maíz
(名词) ★★★★
玉米

la Navidad
(名词) ★★★★
圣诞节

el asado
(名词) ★★★★
烤肉

el puré de patatas
(词语) ★★★
土豆泥

la batata
(名词) ★★★★
地瓜

las verduras a la parrilla
(词语) ★★★★
烤蔬菜

el licor de huevo
(词语) ★★★
蛋酒

la Pascua
(名词) ★★★★
复活节

la tarta de calabaza
(词语) ★★★★
南瓜派

el cordero
(名词) ★★★★
羊肉

el jamón
(名词) ★★★★
火腿

el pastel de manzana
(词语) ★★★★
苹果派

la torta pascual
(词语) ★★
水果蛋糕

临时需要用到的一段对话

牛排店点餐

A: Hola, ¿hay alguna mesa para tres?
嗨,请问有三个人的位置吗?

B: Sí, seguidme por favor.
有,请跟我来。

A: Nos estamos muriendo de hambre, ¿podrías darme el menú, por favor?
我们饿死了,请给我菜单好吗?

B: No hay problema. Avísame cuando estéis listos para pedir.
没问题,等你们准备好点餐时,请告诉我。

A: Me gustaría una costilla de vaca, y por favor para esta señora una langosta.
我要一个肋眼牛排,请给我的女伴一份龙虾。

B: Claro, ¿cómo te gustaría la cocción de tu carne?
没问题,你的牛排要几分熟?

A: Jugosa, por favor.
五分左右就可以了。

 补充句型

西 ¿Podrías darme 东西 和 东西 , por favor?
中 请给我 东西 和 东西 好吗?

Capítulo 2 食物

状况 02 美式料理

临时需要用到的一个句型

西 ▶ **De acuerdo / Según...**
中 ▶ **根据……**（后面描述状况）

- De acuerdo con la cantidad de sus invitados, le ofrecemos diferentes salas.
  依照您的人数，我们提供不同的包厢。

- Ofrecemos diferentes comidas de acuerdo con la temporada.
  我们依照季节提供不同的餐点。

- El precio varía según el mercado.
  依照市场不同，价格也有波动。

- De acuerdo con la ley, a los niños menores de 12 años no se les permite entrar.
  根据规定，十二岁以下的儿童不得进入。

- Según Kelly, esta cafetería tiene el mejor chocolate caliente de la ciudad.
  根据凯莉的说法，这家咖啡店有本市最棒的热巧克力。

贴心小补充

关于牛排

餐厅通常会问："¿Cómo te gustaría la cocción de tu carne?"

semi-cruda 三分熟

jugosa 五分熟

en su punto 七分熟

bien cocida 全熟的

状况 03
欧式料理（食材）

种类

常见的水果

| la pera (名词) ★★★ 西洋梨 | el limón (名词) ★★★★ 柠檬 | la banana / el plátano (名词) ★★★★ 香蕉 |

la pera (名词) ★★★
西洋梨

la naranja (名词) ★★★★
橙子

la uva (名词) ★★★★
葡萄

el melón (名词) ★★★★
香瓜

la manzana (名词) ★★★★
苹果

el pomelo (名词) ★★★★
葡萄柚

la mandarina (名词) ★★★★
橘子

el limón (名词) ★★★★
柠檬

el durazno / el melocotón (名词) ★★★★
水蜜桃

la granada (名词) ★★★
石榴

la frambuesa (名词) ★★★
覆盆子

el arándano (名词) ★★★★
蓝莓

la fruta (名词) ★★★★
水果

la ananá / la piña (名词) ★★★★
凤梨

la banana / el plátano (名词) ★★★★
香蕉

la fresa (名词) ★★★★
草莓

la ciruela (名词) ★★
李子

la cereza (名词) ★★★★
樱桃

la sandía (名词) ★★★★
西瓜

la papaya (名词) ★★★
木瓜

el kiwi (名词) ★★★★
奇异果

Capítulo 2 食物

状况 03 欧式料理（食材）

种类

常见的食材

las verduras y las frutas
(词语)
蔬果类 ★★★★

la coliflor
(名词)
白花椰菜 ★★★★

la raíz de bambú
(词语)
竹笋 ★★★

el mango
(名词)
芒果 ★★★★

el albaricoque
(名词)
杏桃 ★★

las legumbres
(名词)
豆类 ★★★

el garbanzo
(名词)
鹰嘴豆 ★★★★

la lenteja
(名词)
扁豆 ★★★

los lácteos
(名词)
乳制品 ★★★★

la leche
(名词)
牛奶 ★★★★

el yogur
(名词)
优酪乳 ★★★★

la crema
(名词)
鲜奶油 ★★★★

el queso
(名词)
芝士 ★★★★

las proteínas
(名词)
蛋白质类 ★★★

la carne roja
(词语)
红肉 ★★★★

el pollo
(名词)
鸡肉 ★★★★

el pescado
(名词)
鱼肉 ★★★★

el marisco
(名词)
海鲜 ★★★★

el huevo
(名词)
鸡蛋 ★★★★

状况 03
欧式料理（食材）

种类

常见的蔬菜

la verdura
(名词)
蔬菜 ★★★★

la lechuga
(名词)
莴苣 ★★★★

el espárrago
(名词)
芦笋 ★★

la patata / la papa
(名词)
土豆 ★★★★

la espinaca
(名词)
菠菜 ★★★★

el champiñón
(名词)
蘑菇 ★★★★

la batata
(名词)
番薯 ★★★★

la cebolla
(名词)
洋葱 ★★★★

el repollo
(名词)
甘蓝菜 ★★★

la calabaza
(名词)
南瓜 ★★★★

el tomate
(名词)
番茄 ★★★★

el perejil
(名词)
芹菜 ★★★★

la zanahoria
(名词)
红萝卜 ★★★★

el pimiento verde
(名词)
青椒 ★★★★

el nabo
(名词)
白萝卜 ★★★★

la berenjena
(名词)
茄子 ★★★

el pepino
(名词)
小黄瓜 ★★★★

el brócoli
(名词)
花椰菜 ★★★★

la albahaca
(名词)
罗勒 ★★★

Capítulo 2 食物

状况 03 欧式料理（食材）

种类
常见的杂货

los hidratos de carbonos
(词语)
碳水化合物类 ★★★★

el arroz
(名词)
米 ★★★★

la pasta
(名词)
面 ★★★★

el pan
(名词)
面包 ★★★★

el cereal
(名词)
麦片 ★★★★

el fiambre
(名词)
冷餐食品 ★★★★

la manteca
(名词)
奶油 ★★★★

los dulces
(名词)
甜品 ★★★★

el caramelo
(名词)
糖果 ★★★★

el bizcocho
(名词)
糕点 ★★

el pudín
(名词)
布丁 ★★★

种类
常用的干果

los frutos secos y las semillas
(词语)
干果类 ★★★

la nuez
(名词)
核桃 ★★★★

el cacahuete / el maní
(名词)
花生 ★★★

la almendra
(名词)
杏仁 ★★★★

el sésamo
(名词)
芝麻 ★★

la oliva
(名词)
橄榄 ★★★★

075

状况 03
欧式料理

酒类
常见的酒类

el vino blanco
(词语)
白酒 ★★★★

el vino tinto
(词语)
红酒 ★★★★

el champán / el cava
(名词)
香槟 ★★★★

el whisky
(名词)
威士忌 ★★★★

el brandy
(名词)
白兰地 ★★★

el vodka
(名词)
伏特加 ★★★★

la ginebra
(名词)
琴酒、杜松子酒

动作
在西餐厅会做的动作

pedir la comida
(词语)
点餐 ★★★★

decidir
(动词)
决定 ★★★★

mezclar
(动词)
混合 ★★★★

cancelar
(动词)
取消 ★★★★

vender
(动词)
卖 ★★★★

llevar al lugar
(词语)
带路 ★★★★

poner
(动词)
请放；请加 ★★★★

no poner
(词语)
不加（食材） ★★★★

probar
(动词)
品尝 ★★★★

proveer
(动词)
提供 ★★★★

adecuado (阳性)
adecuada (阴性)
(形容词)
适合的 ★★★★

seleccionar
(名词)
选择 ★★★★

Capítulo 2 食物

状况 03 欧式料理

种类

西餐厅会看到的餐具

el plato de sopa
(词语)
汤碗；汤盘

el plato de comida
(词语)
餐盘

el plato de ensalada
(词语)
沙拉盘

el plato de postre
(词语)
甜点盘

la mantequera
(名词)
奶油碟

el cuchillo
(名词)
刀

la ensaladera
(名词)
沙拉碗

el cuchillo de mantequilla
(词语)
奶油刀

el tenedor de postre
(词语)
甜点叉

la cuchara
(名词)
汤匙

la servilleta
(名词)
餐巾

el mantel
(名词)
桌布

el vaso
(名词)
杯子

la copa
(名词)
高脚杯

la taza
(名词)
马克杯

la tetera
(名词)
茶壶

el posavasos
(名词)
杯垫

la bandeja
(名词)
托盘

el soporte de torta
(词语)
蛋糕架

临时需要用到的**一段对话**

到咖啡店用餐

A: ¿Quieres cenar conmigo esta noche?
今天晚上要不要和我一起去吃饭?

B: Vale. ¿Qué deseas comer para la cena?
好啊！你今天想吃什么？

A: Pienso en el nuevo restaurante al otro lado de la calle. Parece que vale la pena probarlo.
我在考虑对面新开的餐厅，看起来很值得试试看。

B: ¿Aquel? ¿Ves la fila larga? Son las 4.
那一间？你看已经好多人在排队了，现在才四点！

A: Lo bueno es que tengo a un conocido. Mi amigo trabaja en el restaurante. Creo que puede ayudarnos a entrar.
好在我有点关系，我朋友在里面工作，我想他可以帮忙。

B: ¿En serio? Hoy es mi día de suerte.
真的假的？今天真是我的幸运日。

A: Permíteme hacer la llamada primero. (10 minutos después). La cena empezará a las 7 en punto.
我先打个电话吧。（十分钟后）七点整开饭吧。

B: Me hizo muy feliz. Yo siempre he querido ir al restaurante.
这真是让我太开心了。我一直都很想去那家餐厅。

Capítulo 2 食物

状况 03 欧式料理

临时需要用到的一个句型

西 ¿Podrías pasar + 名词 a / para 某人？
中 请传 某物 给 某人 ，好吗？

- ¿Me podrías pasar el pan?
  你可以把面包传给我吗？

- ¿Podrías pasar el salero al tío Ben?
  你可以把盐罐传给班叔叔吗？

- ¿Me podrías pasar mi celular, por favor?
  你可以把我的手机传给我吗？

- ¿Podrías pasarme un tenedor, por favor?
  你可以传一只叉子给我吗？

kétchup / salsa de tomate

kétchup：用来蘸薯条鸡块的番茄酱，属于酱料

salsa de tomate：用番茄熬煮的酱汁，像是意大利面或披萨底层涂的酱汁，是酱汁类。

状况 04
亚洲料理

中国料理
常见的中国料理

arroz salteado ★★★★
炒饭

fideos salteados ★★★★
炒面

arroz blanco ★★★★
白米饭

fondue chino ★★★
火锅

fondue chino picante ★★★
麻辣锅

rollo de primavera frito ★★★
炸春卷

empanada hervida ★★★★
水饺

pastel de nabo ★★★
萝卜糕

camarones picados con lechuga ★★★
生菜虾松

ma po tofu (tofu picante) ★★
麻婆豆腐

cerdo agridulce ★★★
糖醋里脊

bocadillo de Hong Kong ★★★★
港式点心

pato asado ★★★★
烤鸭

bollo relleno ★★★
包子

pollo del General Tso's ★★
左宗棠鸡

empanada hervida en el aceite de chile ★★
红油抄手

tofu con salsa de soja ★★★
红烧豆腐

bola de langostino ★★★
虾球

sopa de pollo, jamón y marisco ★★
三鲜汤

中国小吃

常见的中国小吃

bola de masa al vapor ★★★★ 小笼包	**té con leche y perlas comibles** ★★★★ 珍珠奶茶	**fideos con carne de ternero** ★★★★ 牛肉面
arroz de cerdo estofado ★★★★ 肉燥饭	**tortilla de ostras** ★★★★ 蚵仔煎	**pollo frito** ★★★ 炸鸡
pastel de sangre de cerdo ★★★★ 猪血糕	**pastel de piña** ★★★★ 凤梨酥	**sándwich al vapor** ★★★ 刈包
tofu apestoso ★★★★ 臭豆腐	**galleta en forma de lengua de vaca** ★★ 牛舌饼	**fideos con ostras** ★★★ 蚵仔面线
bola de batata frita ★★ 地瓜球	**pastel de sol** ★★★ 太阳饼	**bola de masa a la plancha** ★★★ 生煎包
hielo picado ★★★★ 刨冰	**arroz glutinoso con carne envuelto en hoja de bambú** ★★★★ 肉粽	

状况 04
亚洲料理

泰式料理
泰式料理

tarta de camarón tailandés ★★★
虾饼

la ensalada de papaya verde ★★★
凉拌青木瓜

el curry verde ★★★
绿咖哩

el arroz pegajoso con leche de coco ★★★
椰汁糯米饭

韩式料理
韩式料理

el panqueque de marisco ★★★
海鲜煎饼

el pastel de arroz picante ★★★
辣炒年糕

la sopa de hueso de ternera ★★★
牛骨汤

el rollo de arroz con alga ★★★
海苔卷

la carne de cerdo con kimchi ★★★
泡菜猪肉

carne a la barbacoa coreana ★★
韩式烤肉

ensalada de calamar ★★
凉拌鱿鱼

té de toronja ★★
柚子茶

sopa de pollo con ginseng ★★
人参鸡

Capítulo 2 食物

状况 04 亚洲料理

新马料理
新马料理

pollo Hainan
海南鸡

cabeza de pescado con curry
咖喱鱼头

cangrejo picante
辣椒螃蟹

fideo con marisco Laksa
叻沙海鲜面

tostado de Kaya
咖椰吐司

越南料理
越南料理

huevo de pato fetal
鸭仔蛋

la salsa de pescado
鱼露

el rollo de primavera de Vietnam
越南春卷

临时需要用到的**一段对话**

泰式料理外送

A: ¿Quieres comer comida tailandesa para la cena de esta noche?
你今天晚餐想吃泰国菜吗?

B: ¿Estás bromeando? Pienso lo mismo.
你开玩笑的吧?我也在想一样的事。

A: Vamos a aquel restaurante que está en el barrio de Emma.
那我们就到艾玛家附近那家吧。

B: Permíteme hacer la reserva ahora. ¡Oh, no, está completamente lleno!
那我现在来订位。不好了,他们今晚客满了。

A: Está bien. Podemos pedir comida a domicilio.
没关系,那我们点外卖吧。

B: ¡Gran idea! ¿Tienes alguna recomendación?
好主意!你有推荐的菜色吗?

A: Permíteme hacer el pedido. ¡Hola, entrega a domicilio, por favor! ¿Puedo pedir un curry verde de pollo y un pad Thai?
让我来点餐吧!你好,我要点外送,请给我一份绿咖喱鸡,一份泰式炒河粉。

Capítulo 2 食物

状况 04 亚洲料理

临时需要用到的一个句型

形容食物的用法

- El ingrediente fresco.
  新鲜食材。
- Muy rico el sabor.
  浓郁的香气。
- Muchas texturas diferentes.
  很多不同的口感。
- Dulce y jugoso.
  甜美多汁。
- Sobrecocido.
  煮过头了。
- Quemado.
  烧焦了。
- La cocina exótica.
  异国美食。

临时需要的生活短语

- está lleno / completamente reservado
  客满了
- hacer una reserva
  预约订位
- servicio a domicilio
  外送服务

状况 05
日本料理

种类
常见的种类

sushi ★★★★
寿司

sashimi ★★★
生鱼片

teppanyaki ★★★★
铁板烧

菜色
常见的菜色

chuleta de cerdo frita ★★★
炸猪排

panqué japonés ★★★
大阪烧

plato frío ★★★
凉拌菜

calamar en vinagre ★★★
腌渍乌贼

tempura ★★★★
天妇罗

la anguila a la parrilla con arroz ★★★
鳗鱼饭

empanada hervida ★★★
饺子（煮的）

empanada frita ★★★
煎饺

Capítulo 2 食物

状况 05 日本料理

菜色

常见的菜色

tofu frito
炸豆腐

el arroz con té japonés
茶泡饭

rollo de primavera
春卷

pickles
泡菜，腌菜

de verdura palito
蔬菜棒

tofu frío
冷豆腐

arroz con curry
咖哩饭

postre
点心

patata a la crema
奶油马铃薯

patita de pollo japonés
日式鸡块

la alita de pollo con salsa
日式鸡翅

la empanada al vapor
烧卖，蒸饺

el fideo salteado
炒面

el arroz salteado
炒饭

状况 05
日本料理

饮料

常见的饮料

la bebida
(名词)
饮料

la gaseosa
(名词)
汽水

el jugo
(名词)
果汁

el té
(名词)
茶

el té verde
(名词)
绿茶

el agua mineral
(名词)
矿泉水

Calpico
可尔必思

Coca Cola
可乐

Coca Cola Zero
可乐（零卡）

el vino
(名词)
葡萄酒

el whisky
(名词)
威士忌

sake
酒；日本酒

la cerveza
(名词)
啤酒

la cerveza de barril
(名词)
生啤酒

el vino de ciruela japonés
(名词)
梅酒

soju
烧酒

el vino blanco
(名词)
白酒

Capítulo 2 食物

状况 05 日本料理

量词
喝酒用的量词

el bar de estilo japonés
(词语) ★★★★
居酒屋

una copa / un vaso
(量词) ★★★★
一杯

una botella
(量词) ★★★
一瓶

una lata
(量词) ★★★★
一罐

una docena
(量词) ★★★★
一打

un pack
(量词) ★★★★
一手（六罐）

un litro
(量词) ★★★★
一升

点心
常见的点心

la ciruela
(名词) ★★★
梅子

pastel mochi
(名词) ★★★
大福（豆馅糕点）

mochi
(名词) ★★★
年糕

调味品
常用的调味品

la mayonesa
(名词) ★★★★
美乃滋

el jengibre
(名词) ★★★★
姜

el aceite de sésamo con vinagre
(名词) ★★★
芝麻油醋酱

la salsa de soja
(名词) ★★★★
酱油

el vinagre
(名词) ★★★★
醋

el sésamo
(名词) ★★★★
芝麻

临时需要用到的**一段对话**

到寿司店用餐

A: Hola. ¿Tienes una mesa para dos?
你好,有两个人的位置吗?

B: Lo siento, todas las mesas están llenas. ¿Os importa sentaros en el bar?
很抱歉,但我们的桌子都满了,你们介意坐吧台吗?

A: No hay problema. Me gusta sentarme en el bar.
那没问题啊,我很喜欢坐吧台。

B: Genial, seguidme.
太好了,请跟我来。

A: ¿Queremos dos tazas de té primero. Y ya podemos pedir.
可以先给我们两杯热茶吗?我们可以点餐了。

B: No hay problema, ¿qué os gustaría pedir?
没问题。请问需要点什么?

A: Un plato de sushi surtido, y un yaki okonomi.
一份综合寿司拼盘和一份大阪烧。

 补充句型

西 ▶ **¿Cómo te gustaría 东西 ?**
中 ▶ 你觉得 东西 怎么样?

Capítulo 2 食物

状况 05 日本料理

临时需要用到的一个句型

西▶ Parecer + 名词 / 形容词
中▶ 看起来……的样子

- Él parece un artista. 他看起来像一个艺术家。
- Parece que va a llover. 看起来快要下雨了。
- Parece delicioso. 那好像很好吃的样子。
- Pareces preocupado. 你看起来很担心的样子。
- Parece muy picante. 看起来很辣。

西▶ tratar de + 动作
中▶ 想试……看看

- Trata de hacer una torta. 试试看做蛋糕。
- Trata de comer alimentos diferentes.
  试试看不一样的食物。

临时需要的生活短语

- jugo helado / zumo helado 冰果汁
- agua helada 冰水
- agua caliente 热水
- temperatura ambiente 常温的 / 去冰的

*外国人习惯喝冷水或冰水。所以在餐厅拿到的水都会加冰块或是冰镇过的，热水非常少见。如果需要的话，要事先和服务生说明。提醒大家，欧洲有些地方，提供热水是需要收费的。

状况 06
其他料理

种类

墨西哥料理

la cocina mexicana
(词语)
墨西哥菜 ***

taco
玉米卷饼 ***

burrito
墨西哥卷饼 ***

nacho
墨西哥玉米片 ***

quesadilla
墨西哥酥饼 ***

fajita
法士达 ***
(卷饼包烧烤肉类)

taquito
烤牛肉卷 ***

enchilada
辣椒肉馅玉米卷饼 **

Salsa
莎莎酱 ****

guacamole
酪梨酱 **

jalapeños
墨西哥辣椒 **

salsa de queso
芝士酱 **

queso cremoso
酸奶酱 **

chilaquil
墨西哥咸玉米片 **

种类

土耳其料理

el pescado con pan
翻煎鱼三明治

kebab
烤肉 ***

Capítulo 2 食物

状况 06 其他料理

临时需要用到的**特色美食**

Las tapas 下酒菜
小碟子盛装的下酒菜，各地区会有不同的特色。火腿、乳酪、橄榄、番茄酱汁佐肉丸、西班牙香肠是常见的食材。

La paella 西班牙海鲜炖饭
蔬菜、肉类和海鲜等材料和生米一起焖煮，当然少不了珍贵的番红花来提味和染色。米粒黄澄澄且颗粒分明，十分美味。

La tortilla de papas 土豆烘蛋
薄薄的土豆平铺在锅底，依个人喜好加入各式丁状食材，如洋葱、红萝卜、青椒、蘑菇或培根，用蛋汁拌匀倒入锅中。让橄榄油将两面煎至金黄色，即大功告成。

Arroz negro 墨鱼炖饭
做法跟西班牙海鲜炖饭很类似，只是番红花换成墨鱼汁。虽然黑压压的一片，可是美味不亚于西班牙海鲜炖饭。

El cocido madrileño 马德里浓汤
和俄罗斯的罗宋汤很相似，主要是豆类、肉类、各种蔬菜和剩菜熬煮而成的杂烩浓汤，用法国面包蘸着食用，别有一番滋味。

Chorizo y morcilla 西班牙香肠和血肠
和中国的香肠口味完全不一样，通常在烧烤中是不可缺的食物。

La sopa de ajo 大蒜汤
跟法国的洋葱汤有异曲同工之妙，据说是治感冒的汤品。

临时需要用到的一个词 西语关键词6000

状况 06
其他料理

词汇

用餐时可能用到用到的词汇

la salsa (名词)
酱料 ★★★★

el aderezo (名词)
淋酱 ★★★★

la salsa para untar (名词)
蘸酱 ★★★★

el ajo (名词)
蒜 ★★★★

morder (动词)
咬 ★★★★

el postre (名词)
甜点 ★★★★

el vinagre (名词)
醋 ★★★★

un mordisco (名词)
(咬)一口 ★★★

un trago (量词)
(喝)一口 ★★★

la bebida (名词)
饮料 ★★★

la ensalada (名词)
沙拉 ★★★★

la fruta (名词)
水果 ★★★★

pasar (动词)
传递 ★★★★

el estilo (名词)
风格 ★★★★

la cocina (名词)
料理 ★★★

la salsa de soja (名词)
酱油 ★★★

poner aparte (词语)
(酱料)另外放 ★★★
(不要淋上去)

favorito (阳性)
favorita (阴性)
(形容词)
最喜欢的 ★★★★

el desperdicio (名词)
浪费 ★★★★

Capítulo 2 食物

状况 06 其他料理

临时需要用到的特色美食

Churros 西班牙油条
很像美式的吉拿棒，油炸的长面团外面沾满了白糖。西班牙人非常喜欢用油条蘸着热巧克力或咖啡当早餐。

Arroz con leche 米布丁
白米、牛奶和糖一起熬煮的甜粥，口感香浓滑顺。

Pastel de cabello de ángel 天使头发派
包着果酱内馅的甜派，因上面有交错的线条，看起来就像天使的头发而得名。

Mosto 葡萄汁
没有酒精成分的葡萄酒，未经发酵，喝起来相当顺口。

Jerez 雪莉酒
西班牙的国酒，是用特产的白葡萄制成的，比红葡萄酒的浓度高一些。

Sangría 水果鸡尾酒
用不同的水果切成小丁状块，以红酒为基底加入果汁及汽水的饮料。

Polvorón 杏仁糕
西班牙人在圣诞节及婚礼不可缺少的点心，又称之为"幸福的点心"。主要是以杏仁粉、面粉、奶油、糖及少许的肉桂粉烘焙而成的，入口即化是它的特色。

临时需要用到的**一段对话**

打电话到餐厅订位

A: ¡Hola! Me gustaría hacer una reserva.
你好！我想订位。

B: No hay problema. ¿Cuándo te gustaría venir?
好的，请问你想什么时候来？

A: Mañana a las 7 de la noche.
明天晚上七点。

B: ¿Para cuántas personas?
请问有几位呢？

A: Dos.
两位。

B: Temo que todo está reservado a esa hora. ¿Te importaría cambiar a las 8?
那个时间我们恐怕都客满了，你介意改到八点吗？

A: Las 8 está bien. Gracias por decírmelo.
八点可以，谢谢你告诉我。

B: Genial, ¿puedes dejar tu nombre y número de teléfono, por favor?
好的，可以给我你的姓名和电话吗？

A: Soy Ally Chen y mi número de teléfono es 111-222-3333.
陈艾莉，电话号码是 111-222-3333。

B: Lo siento, ¿podrías deletrear tu apellido, por favor?
抱歉，可以麻烦你帮我拼你的姓氏吗？

Capítulo 2 食物

状况 06 其他料理

临时需要用到的一个句型

西 ▶ 日期 + 时间 + 早上/下午/晚上。
中 ▶ 日期 的 时间。

- Mañana a las 6:30 de la mañana.
  明天早上六点半。
- El próximo lunes a las 10:00 de la noche.
  下星期一晚上十点。

西 ▶ El número de celular es 手机号码。
中 ▶ 号码是 手机号码。

临时需要的生活短语

- el plato especial del restaurante
  餐厅里的特色菜
- el modo de contacto
  联系方式
- ser muy famoso por...
  因为……而有名

状况 07
速食店

餐点

速食店常见的餐点

el sándwich
(名词) ★★★★
三明治

la ensalada
(名词) ★★★★
沙拉

el pollo frito
(名词) ★★★★
炸鸡

la bebida
(名词) ★★★★
饮料

el perrito caliente / el pancho
(名词) ★★★★
潜艇堡；热狗

la comida rápida
(词语) ★★★★
快餐

种类

速食店常见的汉堡类型

la hamburguesa
(名词) ★★★★
汉堡

hamburguesa de pollo
★★★
鸡肉堡

hamburguesa de tocino y repollo
★★
培根高丽菜堡

hamburguesa de vacuno
★★★
牛肉堡

hamburguesa de doble queso
★★★
双层芝士堡

hamburguesa de teri yaki
★★★
照烧堡

hamburguesa de cerdo teri yaki
★★★
照烧猪肉堡

big mac
★★★
大麦克

hamburguesa de langostino
★★★
炸虾汉堡

hamburguesa de queso
★★★
芝士堡

Capítulo 2 食物

状况 07 速食店

种类
速食店常见的附餐

las patatas fritas / las papas fritas
(词语) ★★★★
薯条

el pollo finger
(词语) ★★★
鸡柳条

las patitas de pollo
(词语) ★★★
小鸡腿

la galletita
(名词) ★★★
饼干；小面包

los aros de cebolla
(词语) ★★★★
洋葱圈

酱料
速食店常见的酱料

la salsa
(名词) ★★★★
蘸酱

el kétchup
(名词) ★★★★
番茄酱

el almíbar
(名词) ★★★★
枫糖浆

la mostaza
(名词) ★★★★
芥末酱

la mayonesa
(名词) ★★★★
美乃滋

el tabasco
(名词) ★★★
辣椒酱

la pimienta
(名词) ★★★★
胡椒粉

la sal
(名词) ★★★★
盐

el ají
(名词) ★★★★
辣椒

la salsa picante
(词语) ★★★★
辣酱

Salsa
(名词) ★★★
莎莎酱

la miel
(名词) ★★★★
蜂蜜

la mermelada
(名词) ★★★★
果酱

099

临时需要用到的一个词 西语关键词6000

状况 07
速食店

饮料
速食店常见的饮料

la gaseosa
(名词)
汽水 ★★★

Coca Cola
可乐 ★★★★

Coca Cola Zero
零卡可乐 ★★★

Sprite
雪碧 ★★★

Fanta
芬达汽水 ★★★

gaseosa de jengibre
姜汁汽水

饮料
速食店常见的其他饮料

el té caliente
(词语)
热茶 ★★★

el té frío
(词语)
冰茶

el jugo de naranja / el zumo de naranja
(词语)
柳橙汁 ★★★

el jugo de manzana / el zumo de manzana
(词语)
苹果汁 ★★★

la chocolatada
(名词)
可可亚 ★★★★

el jugo / el zumo
(名词)
果汁 ★★★★

la leche
(名词)
牛奶 ★★★★

el café
(名词)
咖啡 ★★★★

el café frío
(词语)
冰咖啡 ★★★★

el café americano
(词语)
美式咖啡 ★★★

el café con leche
(词语)
拿铁 ★★★★

Capítulo 2 食物

状况 07 速食店

动作
在速食店常见的动作

¡Bienvenido! (阳性)
¡Bienvenida! (阴性)
(感叹词)
欢迎光临！

pedir la comida
(词语)
订购；点餐

confirmar
(动词)
确认（餐点）

pagar la cuenta
(词语)
结算；付账

llevar
(动词)
带走

comer dentro del restaurante
(词语)
内用

形容
在速食店会用到的词汇

frío (阳性)
fría (阴性)
(形容词)
冷的；凉的

caliente
(形容词)
热的；烫的

tibio (阳性)
tibia (阴性)
(形容词)
温的

rápido (阳性)
rápida (阴性)
(形容词)
快速的

sabroso (阳性)
sabrosa (阴性)
(形容词)
美味的

oler bien
(词语)
好香

el set / el plato combinado
(名词)
套餐

el combo
(名词)
组合餐

engordar
(名词)
发胖

saludable
(形容词)
健康

dietético (阳性)
dietética (阴性)
(形容词)
饮食的

la comida basura
(词语)
垃圾食物

临时需要用到的一段对话

在速食餐厅点餐

A: ¡Hola! ¿te gustaría probar nuestra nueva hamburguesa de pollo con queso?
你好！要试试我们新的芝士鸡肉堡吗？

B: No, gracias. Quiero un combo número 1, una lujosa hamburguesa con queso y un batido.
不了，谢谢。我要一个一号套餐，还有一个豪华芝士堡和一杯奶昔。

A: Por un euro más podrías obtener un paquete de patitas de pollo, ¿quieres?
你可以以一欧元加购一份小鸡腿，要吗？

B: Por supuesto, gracias por decírmelo.
当然要，谢谢你告诉我。

B: En total son 20 euros.
一共是二十欧元。

A: ¿Puedo usar este cupón?
我可以用这个优惠券吗？

B: Claro.
当然可以。

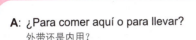

A: ¿Para comer aquí o para llevar?
外带还是内用？

B: ¿Puedo llevarme las patitas de pollo y el resto me lo como aquí?
我可以把小鸡腿外带，剩下的内用吗？

A: Por supuesto.
当然可以。

B: Gracias.
谢谢。

A: Tu comida estará lista enseguida, por favor, espera aquí.
你的餐点很快就好了，请稍等。

西 ▶ ¿Tiene / Vende + 东西 ?
中 ▶ 有卖 东西 吗？

状况 08
咖啡厅

种类
咖啡厅会提供的饮食

el set / el plato combinado
(名词) ★★★★
套餐

el almuerzo
(名词) ★★★★
午餐

el brunch
(名词) ★★★★
早午餐

el trago
(名词) ★★★★
饮料（含酒精）

la bebida
(名词)
饮料

el postre
(名词) ★★★★
甜点

el café
(名词) ★★★★
咖啡

el jugo / el zumo
(名词) ★★★★
果汁

el pan
(名词) ★★★★
面包

la torta
(名词) ★★★★
蛋糕

la rosquilla
(名词) ★★★★
甜甜圈

el waffle
(名词) ★★★★
松饼

el panqué
(名词) ★★★★
煎饼（美式松饼）

la pizza
(名词) ★★★★
披萨

el pancho / el perrito caliente
(名词) ★★★★
热狗

el sándwich
(名词) ★★★
三明治

el tostado
(名词) ★★★★
吐司

la medialuna / el cruasán
(名词) ★★★★
可颂

el beigel
(名词) ★★★★
贝果

Capítulo 2 食物

状况 08 咖啡厅

果汁
咖啡厅会有的果汁

茶类
咖啡厅会有的茶类饮料

el zumo mixto (词语)
混合果汁

el zumo de tomate (词语)
番茄汁

el zumo de naranja (词语)
柳橙汁

el batido de banana con leche (词语)
香蕉牛奶

el zumo de manzana (词语)
苹果汁

el zumo de sandía (词语)
西瓜汁

el zumo de uva (词语)
葡萄汁

el batido de papaya con leche (词语)
木瓜牛奶

el batido de sandía con leche (词语)
西瓜牛奶

el té de hierbas (词语)
花草茶

el té rojo / el té negro (词语)
红茶

el té de jazmín (词语)
茉莉绿茶

el té verde (词语)
绿茶

el té con frutas (词语)
水果茶

el té con leche (词语)
奶茶

el té de limón (词语)
柠檬茶

状况 08 咖啡厅

咖啡
咖啡厅会有的咖啡

el café
(名词)
咖啡 ★★★★

el café americano
(词语)
美式咖啡 ★★★

el expreso
(名词)
浓缩咖啡 ★★★★

el café helado
(词语)
漂浮冰咖啡 ★★

el café caliente
(词语)
热咖啡 ★★★★

el café frío
(词语)
冰咖啡 ★★★★

el café moca
(名词)
摩卡 ★★★★

el café con leche
(词语)
拿铁 ★★★

el café au lait
(词语)
咖啡欧蕾 ★★★

el cappuccino
(名词)
卡布奇诺 ★★★

el macchiato caramel
(词语)
焦糖玛琪朵 ★★

el café de Mamba
(词语)
曼巴咖啡 ★★★★

词汇
咖啡相关的词汇

el azúcar
(名词)
糖 ★★★★

la crema
(名词)
奶油果汁 ★★★★

simple
(形容词)
单份 ★★★★

doble
(形容词)
双份 ★★★★

descafeinado
(阳性)
descafeinada
(阴性)
(形容词)
无咖啡因 ★★★★

Capítulo 2 食物

状况 08 咖啡厅

饮料
咖啡厅会有的其他饮料

la soda
(名词)
苏打水

el batido de leche
(词语)
奶昔

la chocolatada
(名词)
可可亚

la sidra
(名词)
苹果酒

el agua con gas
(词语)
气泡水

la cerveza
(名词)
啤酒

餐点
咖啡厅会有哪些三明治

el sándwich de tocino, tomate y lechuga
培根番茄生菜三明治

el tostado de queso
烤奶酪三明治

el sándwich de mermelada con pasta de cacahuete
花生酱加果酱

la ensalada con huevo
蛋沙拉

el bistec con queso
奶酪牛排

地点
咖啡厅的座位地点

el asiento
(名词)
座位

la mesa
(名词)
桌子

la zona de fumadores
(词语)
抽烟区

no fumar
(动词)
禁烟

el bar
(名词)
吧台

la sala privada
(词语)
包厢

状况 08
咖啡厅

正餐
咖啡厅有卖的正餐

curry de carne con arroz
牛肉咖喱饭 ★★

arroz salteado de curry
咖喱炒饭 ★★

arroz salteado con langostinos
虾仁炒饭 ★★★

tortilla de arroz con hueve
蛋包饭 ★★★

pasta italiana
意大利面 ★★★

macarrones con queso
奶酪通心面 ★★★

形容
用来形容食物的词汇

dulce
(形容词)
甜的 ★★★★

salado (阳)
salada (阴)
(形容词)
咸的 ★★★★

picante
(形容词)
辣的 ★★★★

rico (阳性)
rica (阴性)
(形容词)
美味的 ★★★★

frío (阳性)
fría (阴性)
(形容词)
冷的 ★★★★

caliente
(形容词)
热的 ★★★★

动作
在咖啡厅会做的动作

esperar
(动词)
等候 ★★★★

pedir la comida
(词语)
点餐 ★★★★

reunirse
(动词)
聚会 ★★★★

considerar
(动词)
考虑 ★★★★

hacer la cuenta
(词语)
结账 ★★★★

dar la propina
(词语)
给小费 ★★★★

Capítulo 2 食物

状况 08 咖啡厅

词汇

咖啡厅会看到的词汇

la manteca (名词)
奶油

la mermelada (名词)
果酱

la ensalada (名词)
沙拉

artesanal (形容词)
手工制作

el menú del día (词语)
今日特餐

el plato especial del restaurante (词语)
本店招牌

con (介词)
附……

pagar la cuenta (词语)
付账

el cambio (名词)
零钱

el precio (名词)
单价

la propina (名词)
小费

el total (名词)
总价

abierto (阳性) **abierta** (阴性) (形容词)
营业中

cerrado (阳性) **cerrada** (阴性) (形容词)
打烊

completamente lleno (词语)
客满

recomendar (动词)
推荐

liquidado (阳性) **liquidada** (阴性) (形容词)
卖光

estacional (形容词)
季节性的

临时需要用到的一段对话

到咖啡店用餐

A: ¡Hola! ¿Tenéis reserva?
你好！请问有订位吗？

B: No tenemos.
没有。

A: Déjame comprobar si tenemos algún asiento disponible.
让我看看有没有位置。

B: Gracias, cualquier asiento vestá bien. Estamos tan ansiosos de estar aquí.
谢谢你，任何位置都可以，我们很期待来这里。

A: ¿Esta es tu primera vez? Déjame ver qué puedo hacer.
这是你们第一次来吗？我看看可以帮什么忙。

B: Hemos oído hablar mucho acerca del waffle de aquí desde que aterrizamos por eso venimos lo antes posible.
自从我们下飞机以来听说了很多关于这里的松饼的事情，所以尽早赶过来了。

补充句型

西 ▶ ¿Está todo bien? / ¿Necesitas ayuda? / ¿Quieres una mano?

中 ▶ 有事吗？ / 需要帮忙吗？

Capítulo 2 食物

状况 08 咖啡厅

临时需要用到的一个句型

西▶ 名词 + ya está incluido / a

中▶ 附有……

- El impuesto ya está incluido. 已含税。
- La guarnición ya está incluida. 附餐已包含在内。

西▶ cortar... en 数量词 + trozo（块）/ pieza（片）/ porción（份）

中▶ 切成……块 / 片 / 份

- Cortar la pizza en 8 piezas (porciones).
  把披萨切成八片。
- Cortar la torta en 4 trozos (porciones).
  把蛋糕切成四块。

临时需要的生活短语

- ¿Qué te gustaría pedir?
  请问要点什么？

- Hola, ¿qué te gustaría tomar hoy?
  你好，今天要点什么？

- ¿Tienes alguna recomendación?
  你有没有什么可推荐的？

- ¿Qué tipo de sabor te gusta más?
  你最喜欢哪种口味？

状況 09
野餐

地点
野餐的地点

物品
野餐要准备的东西

el campo
(名词) ★★★★
乡下

afuera
(副词) ★★★★
室外

la montaña
(名词) ★★★★
山

la playa
(名词) ★★★★
海滩

el parque
(名词) ★★★★
公园

el sándwich
(名词) ★★★★
三明治

el onigiri
(名词) ★★★
饭团

la bebida
(名词) ★★★★
饮料

la caja de comida
(名词) ★★★
便当盒

el disco volador
(名词) ★★★★
飞盘

la canasta de pícnic
(词语) ★★★
野餐篮

la fruta
(名词) ★★★
水果

el barrilete / la cometa
(名词) ★★★★
风筝

el refrigerador
(名词) ★★★
冰桶

el bádminton
(名词) ★★★
羽毛球

la panera
(名词) ★★★
面包篮

la colchoneta
(名词) ★★★★
垫子

el bocadillo
(名词) ★★★★
点心

Capítulo 2 食物

状况 09 野餐

动作

野餐会做的动作

jugar (动词)
玩耍

relajarse (动词)
放松

invitar (动词)
邀请

salir con amigos (词语)
和朋友一起出游

fotografiar (动词)
照相

charlar (动词)
聊天

esperar (动词)
期待

acercarse (动词)
亲近

disfrutar (动词)
享受

preparar (动词)
准备

limpiar (动词)
清理

llevar (动词)
带

词汇

野餐还会看到的词汇

el pícnic (名词)
野餐

caminar (动词)
步行

recordar el pasado (词语)
叙旧

el tiempo en familia (词语)
亲子时间 (在家中的时间)

tomar el sol (名词)
日光浴 (晒太阳)

broncearse (动词)
晒成棕褐色

natural (形容词)
自然

临时需要用到的一个句型

西▶ **ir a + 动词**（具动作性）
ir de + 名词

中▶ 从事……动作

ir 的动词变化	
voy	我
vas	你
va	他（她；您）
vamos	我们
vais	你们
van	他们（她们；您们）

- Ir a hacer un pícnic. 去野餐。
- Ir a hacer la dieta. 节食中。
- Ir a viajar. 要旅行。
- Ir de vacaciones. 要放假了。
- Ir a disfrutar. 要狂欢了。
- Ir a una cita. 要去约会了。
- Ir a viajar en crucero. 要去航海旅行。

临时需要的生活短语

- ¿Debo llevar algo?
  我需要准备吗？

- Son las 9 en punto, no llegues tarde.
  九点整，别迟到。

- Mañana me reuniré contigo en la Estación Central a las 9 de la mañana.
  明天九点在中央车站跟你会合。

Capítulo 3
Tres

娱乐

- 01 | 百货公司
- 02 | 药妆店
- 03 | 电器街
- 04 | 便利商店
- 05 | 超级市场
- 06 | 夜景
- 07 | 滑雪
- 08 | 购物中心
- 09 | 博物馆
- 10 | 赏枫
- 11 | 海滩
- 12 | 登山
- 13 | 运动
- 14 | 健身房
- 15 | 夜生活
- 16 | 节庆

状况 01
百货公司

种类
百货公司贩卖物品的种类

el producto cosmético (词语) ★★★★
化妆品

la fragancia (名词) ★★★★
香水

la cartera (名词) ★★★★
皮包

la librería (名词) ★★★★
书店

la ropa (名词) ★★★★
衣服

los calzados (名词) ★★★★
鞋子

el juguete (名词) ★★★★
玩具

la marca famosa (词语) ★★★★
名牌

el disco (名词) ★★★★
唱片

el libro (名词) ★★★★
书籍

el utensilio de cocina (词语) ★★★★
厨房用具

el producto fresco (词语) ★★★
生鲜商品

el bazar (名词) ★★★★
日用杂货，百货商店

el mueble (名词) ★★★★
家具

los juegos de cama (词语) ★★★★
寝具

el producto de alta calidad (词语) ★★★
高级商品

el equipo de deporte (词语) ★★★★
体育用品

Capítulo 3 娱乐

状况 01 百货公司

配件
百货公司会卖的服饰配件

la ropa de hombre (词语)
男装

la ropa de mujer (词语)
女装

la ropa infantil (词语)
童装

el accesorio (名词)
配件

el anillo (名词)
戒指

el collar (名词)
项链

el traje (男装)
el vestido (女装) (名词)
礼服

el equipo de deporte (词语)
运动用品

la joya (名词)
珠宝

los aros / los pendientes (名词)
耳环

el reloj (名词)
手表

人物
百货公司里的人有哪些

el cliente (阳性)
la clienta (阴性) (名词)
顾客

el consumidor (阳性)
la consumidora (阴性) (名词)
消费者

el empleado (阳性)
la empleada (阴性) (名词)
店员

el vendedor (阳性)
la vendedora (阴性) (名词)
销售人员

状况 01
百货公司

地点
百货公司里面会看到的地点

el centro comercial (词语) ★★★★
百货公司

el mercado (名词) ★★★
百货店

el negocio (名词) ★★★
卖场

la escalera (名词) ★★★★
楼梯

la escalera mecánica (词语) ★★★★
电扶梯

el ascensor (名词) ★★★★
电梯

el piso / la planta (名词) ★★★★
楼层

la zona de juegos infantiles (词语) ★★★
儿童游戏区

el mostrador (名词) ★★★
柜台

el centro de información (词语) ★★★★
服务台

el restaurante (名词) ★★★★
餐厅

la zona de comidas (词语) ★★★★
美食广场

la panadería (名词) ★★★★
面包店

la tienda especializada (词语) ★★★
专卖店

el mostrador de pago (词语) ★★★
结账柜台

el armario (名词) ★★★
置物柜

la sala VIP (词语) ★★★
VIP 休息室

la tienda de regalos (词语) ★★★
礼品中心

Capítulo 3 娱乐

状况 01 百货公司

地点
百货公司外面会看到的地点

la estación (名词)
车站

la sala (名词)
大厅

la estación de metro (词语)
地铁站

la estación más cercana (词语)
最近的车站

la galería (名词)
艺廊

el centro comercial subterráneo (词语)
百货公司的地下卖场

alrededor (副词)
附近

la vereda (名词)
人行道

la entrada principal (词语)
主入口

el estacionamiento (名词)
停车场

la plaza (名词)
广场

形容
跟百货公司里的人有关的词汇

el cliente (阳性) **la clienta** (阴性) (名词)
顾客

el mercado objetivo (词语)
目标市场

la administración (名词)
管理阶层

la familia (名词)
家庭

el grupo de mayores (词语)
银发族

el servicio (名词)
服务

状况 01
百货公司

时间	服务
和百货公司相关的时间词汇	百货公司会提供的服务

el horario
(名词)
营业时间 ★★★★

la hora de apertura
(词语)
开店时间 ★★★★

la hora de cierre
(词语)
闭店时间 ★★★

los días de descanso
(词语)
公休日 ★★★

abierto todo el año
(词语)
全年无休 ★★★

la temporada nueva
(词语)
新到商品 ★★★★

la temporada pasada
(词语)
上一季 ★★★★

el regalo
(名词)
礼品 ★★★★

la tarjeta de regalo
(词语)
礼品卡 ★★★★

el servicio de envoltura de regalos
(词语)
包装服务 ★★★

el servicio de estacionamiento
(词语)
泊车服务 ★★★

la radiodifusión
(名词)
广播 ★★★★

la introducción
(名词)
引导 ★★★★

perder
(动词)
遗失 ★★★★

consultar
(动词)
询问 ★★★★

la vista
(名词)
景观 ★★★

la garantía
(名词)
保修期 ★★★

el servicio de posventa
(词语)
售后服务 ★★★

Capítulo 3 娱乐

状况 01 百货公司

词汇

在百货公司会说的和金钱相关的词汇

el precio
(名词)
价格

el precio original
(词语)
原价

el precio con descuento
(词语)
折扣后售价

el descuento
(名词)
打折

la depresión económica
(词语)
经济衰退

la venta final
(词语)
季末特卖

la taza
(名词)
税

el costo
(名词)
成本

reducir el costo
(词语)
降低成本

la ganancia
(名词)
利润

la liquidación
(名词)
清仓特卖

el cupón
(名词)
优惠券

la promoción
(名词)
促销

la tarifa de envío
(词语)
运费

gratis
(形容词)
免费

la promoción especial
(词语)
特价商品

el punto
(名词)
点数

el valor agregado / añadido
(词语)
附加价值

la tarjeta de socio
(词语)
会员卡

状况 01
百货公司

动作
在百货公司和购物相关的动作

comprar
(动词)
买 ★★★★

consumir
(动词)
购买 ★★★★

pedir
(动词)
订购 ★★★★

vender
(动词)
销售 ★★★★

devolver
(动词)
退货 ★★★★

pagar la cuenta
(词语)
结算 ★★★★

形容
在百货公司会用到的形容词

caro (阳性)
cara (阴性)
(形容词)
贵的 ★★★★

barato (阳性)
barata (阴性)
(形容词)
便宜的 ★★★★

económico (阳性)
económica (阴性)
(形容词)
负担得起的 ★★★★

variable
(形容词)
丰富的 ★★★★

masivo (阳性)
masiva (阴性)
(形容词)
大规模的 ★★★

mucho (阳性)
mucha (阴性)
(形容词)
许多 ★★★★

valioso (阳性)
valiosa (阴性)
(形容词)
珍贵的 ★★★

conveniente
(形容词)
方便的 ★★★

extenso (阳性)
extensa (阴性)
(形容词)
宽敞的 ★★★

deseado (阳性)
deseada (阴性)
(形容词)
有欲望的 ★★★

pensado (阳性)
pensada (阴性)
(形容词)
想;考虑的 ★★★

amplio (阳性)
amplia (阴性)
(形容词)
广泛的 ★★★

Capítulo 3 娱乐

状况 01 百货公司

动作

在百货公司会做到的动作

abrir (la tienda) (动词) ★★★★
开（店）

solucionar (动词) ★★★★
处理

regalar (动词) ★★★★
送；给

intercambiar (动词) ★★★★
交换

mejorar (动词) ★★★★
改善

devolver (动词) ★★★★
退回

reparar (动词) ★★★★
修理

establecer (动词) ★★★★
开设

entregar (动词) ★★★★
送达

el stock (名词) ★★★★
库存

seleccionar (动词) ★★★★
挑选

renovar (动词) ★★★★
改装

elegir (动词) ★★★★
挑

aumentar (动词) ★★★★
增加

calcular (动词) ★★★★
预估、计算

tomar (动词) ★★★★
选定；拿

disminuir (动词) ★★★★
减少

arreglar (动词) ★★★★
安排；修理

entrar (动词) ★★★★
进入

utilizar (动词) ★★★★
利用

123

临时需要用到的**一个句型**

西 ▶ A + estar conectado / conectada a + B
中 ▶ A 和 B 连接在一起。

- La estación de metro está conectada a la estación de tren.
  火车站与地铁站连接在一起。
- La estación de MRT está conectada al centro comercial subterráneo.
  地铁站与地下街连接在一起。
- La terminal 1 está conectada a la terminal 2.
  第一航厦和第二航厦连在一起。

西 ▶ Estoy buscando...
中 ▶ 我在找……

- Estoy buscando un vestido formal.
  我在找一套正式的礼服。
- Estoy buscando el corrector facial.
  我在找遮瑕膏。
- Estoy buscando un par de mocasines para mi marido.
  我在帮我老公找一双乐福鞋。

Capítulo 3 娱乐

状况 01 百货公司

临时需要用到的一个句型

西▶ **A + es más + 比较级形容词 + que + B.**
中▶ **A 比 B……**

- Este vestido es más caro que esa camisa.
  这件礼服比那件衬衫贵。
- Susan es más bonita que Helen.
  苏珊比海伦可爱。
- Tu cartera es más pesada que la mía.
  你的皮包比我的重。
- Mi hermano es más inteligente que yo.
  我弟弟比我聪明。

临时需要的生活短语

- El centro comercial más cercano.
  最近的商业中心。
- La zona de comidas.
  美食区。
- Mirar los escaparates.
  橱窗观看（只逛街不买东西）。
- Pedir un taxi.
  招出租车。

状况 02
药妆店

种类
药妆店会卖的东西

el medicamento
(名词)
药

el producto suplementario
(词语)
保健食品

el producto para pelo
(词语)
美发用品

el producto cosmético
(词语)
化妆品

la vitamina
(名词)
维生素

el bazar
(名词)
百货商场

el producto para bebés
(词语)
婴儿用品

el producto para ducharse
(词语)
沐浴用品

el uso cotidiano
(词语)
日用品,日常使用

el producto de cuidado higiénico
(词语)
生理用品;卫生用品

el producto de limpieza
(词语)
打扫用品

la medicación
(名词)
医药品

el producto para el cuidado de la piel
(词语)
皮肤保养品

el producto de primeros auxilios
(词语)
急救用品

la marca propia
(词语)
自有品牌

Capítulo 3 娱乐

状况 02 药妆店

药品
药妆店会卖的药

el medicamento para el resfriado
(词语)
感冒药 ★★★

el medicamento para la tos
(词语)
止咳药 ★★★

el medicamento analgésico
(词语)
止痛药 ★★★

la medicina china
(词语)
中药 ★★★★

el colirio
(名词)
眼药水 ★★★★

la pomada
(名词)
药膏 ★★★★

la venda
(名词)
绷带 ★★★★

la bola de algodón
(词语)
棉球 ★★★★

el alcohol
(名词)
药用酒精 ★★★★

el medicamento antifebril
(词语)
退烧药 ★★★

el medicamento antiácido
(词语)
胃药 ★★★

人物
在药妆店会碰到的人

el / la mayorista
(名词)
批发商 ★★★★

el vendedor (阳性)
la vendedora (阴性)
(名词)
店员 ★★★★

el cliente (阳性)
la clienta (阴性)
(名词)
顾客 ★★★★

el consumidor (阳性)
la consumidora (阴性)
(名词)
消费者 ★★★★

状况 02
药妆店

美妆品

药妆店会卖的化妆品与保养品

la base de maquillaje
(名词)
粉底 ★★★★

el suero
(名词)
精华液 ★★★★

el tóner
(名词)
化妆水 ★★★

el rubor
(名词)
腮红 ★★★★

la máscara facial
(词语)
面膜 ★★★★

la máscara para las pestañas
(词语)
睫毛膏 ★★★★

la crema hidratante
(词语)
保湿乳液 ★★★★

la crema para ojos
(词语)
眼霜 ★★★

el delineador de ojos
(词语)
眼线笔 ★★★★

la crema de blanqueadora
(词语)
美白乳液 ★★★

la limpiadora facial
(词语)
洗面乳 ★★★★

el lápiz labial
(词语)
口红 ★★★★

la crema de manos
(词语)
护手霜 ★★★

desmaquillar
(动词)
卸妆 ★★★

la herramienta para maquillar
(词语)
化妆小物 ★★★★

el bálsamo labial
(词语)
护唇膏 ★★★

el desmaquillador
(名词)
卸妆品 ★★★

Capítulo 3 娱乐

状况 02 药妆店

美妆品

药妆店会卖的化妆品与保养品

la sombra de ojos
(词语)
眼影

el brillo labial
(词语)
唇蜜

la esponja
(名词)
海绵

el polvo fijador
(词语)
蜜粉

la anti-base
(名词)
妆前乳

la purpurina
(名词)
亮粉

las pinzas
(名词)
镊子

el corrector facial
(名词)
遮瑕膏

el soplo para polvo
(词语)
粉扑

el polvo compacto
(词语)
粉饼

seco (阳性)
seca (阴性)
(形容词)
干燥的

las pestañas postizas
(词语)
假睫毛

el cortador de uñas
(词语)
指甲刀

el arquedor de pestañas
(词语)
睫毛夹

el poro
(名词)
毛孔

la arruga
(名词)
皱纹

la mancha
(名词)
斑点

la brocha
(名词)
刷子

grasiento (阳性)
grasienta (阴性)
(形容词)
油性的

sensible
(形容词)
敏感的

129

临时需要用到的一个词 西语关键词6000

状况 02
药妆店

生活用品
药妆店会卖的生活用品

la batería
(名词) ★★★★
干电池

la bombilla
(名词) ★★★★
电灯泡

el mantel
(名词) ★★★★
桌巾

el paño
(名词) ★★★★
布料

la toalla de baño
(词语) ★★★★
浴巾

el pañal
(名词) ★★★★
纸尿布

la bolsa de basura
(词语) ★★★★
垃圾袋

la escoba
(名词) ★★★★
扫把

la fregona
(名词) ★★★★
拖把

la percha
(名词) ★★★★
衣架

el papel higiénico
(词语) ★★★★
卫生纸

el rollo de cocina
(词语) ★★★★
厨房纸巾

杂货
药妆店会卖的杂货

los calcetines
(名词) ★★★★
袜子

las medias transparentes
(词语) ★★★★
丝袜

los guantes
(名词) ★★★★
手套

la ropa interior
(词语) ★★★★
内衣

la máscara
(名词) ★★★★
口罩

las chancletas
(名词) ★★★★
拖鞋

Capítulo 3 娱乐

状况 02 药妆店

盥洗用品
药妆店会卖的盥洗用品

la pasta dental
(词语)
牙膏

el cepillo dental
(词语)
牙刷

el hilo dental
(词语)
牙线

el champú
(名词)
洗发精

el producto para el cuidado del pelo
(词语)
护发产品

el acondicionador
(名词)
润发乳

el jabón
(名词)
香皂

el jabón líquido para la ducha
(词语)
沐浴乳

el enjuagador bucal
(词语)
漱口水

la espuma de afeitar
(词语)
剃须泡沫

la maquinilla de afeitar
(名词)
刮胡刀

el exfoliante
(名词)
去角质

清洁用品
药妆店卖的清洁用品

el desodorante
(名词)
除臭剂；香体剂

el insecticida
(名词)
杀虫剂；防蚊液

el suavizante
(名词)
柔软剂

toallitas húmedas
(词语)
湿纸巾

el limpiador
(名词)
清洁剂

临时需要用到的一个词 西语关键词6000

状况 02
药妆店

词汇

药妆店还会看到的词汇

la salud (名词)	el producto de estantería (词语)	el precio (名词)
健康	架式产品	价格

la receta médica (词语)	el / la minorista (名词)	el descuento (名词)
处方笺	零售商	折扣

la belleza (名词)	completo (阳性) completa (阴性) (形容词)	
美容	齐全的	

el medicamento (名词)	la tasa / el impuesto (名词)	el remate (名词)
调剂（药方）	税	成交

la temporada nueva (词语)	la muestra (名词)	la liquidación (名词)
新（销售、打折…）季	试用品	清仓特卖

el centro comercial (名词)	el producto de oferta (名词)	gratuito (阳性) gratuita (阴性) (形容词)
购物中心	特价品	免费的

		la promoción (名词)
		促销

Capítulo 3 娱乐

状况 02 药妆店

动作
在药妆店会做到的动作

buscar (动词) ★★★
找

apretar (动词) ★★★★
挤压

comprar (动词) ★★★
购买

consumir (动词) ★★★
消费

pedir (动词) ★★★★
订购

probar (动词) ★★★★
试用

la muestra (名词) ★★★★
试用品

devolver (动词) ★★★★
退货

cambiar (动词) ★★★★
换货

devolver el efectivo (词语) ★★★★
退款

no retornable (词语) ★★★★
无法退货

ganar (动词) ★★★★
赚取

形容
在药妆店会用到的形容词

variable (形容词) ★★★★
多样的

conveniente (形容词) ★★★★
方便的

inconveniente (形容词) ★★★★
不方便的

barato (阳性) **barata** (阴性) (形容词) ★★★
便宜的

caro (阳性) **cara** (阴性) (形容词) ★★★★
贵的

eficaz (形容词) ★★★★
有效的

recomendable (形容词) ★★★★
推荐

临时需要用到的一段对话

和朋友逛药妆店

A: ¿Quieres ir a la farmacia conmigo?
你要不要一起去药店?

B: Sí, por supuesto. También quiero probar sus nuevos productos.
好啊,我也想去试试他们的新产品。

A: Genial, necesito que me ayudes a elegir una nueva base de maquillaje.
太好了,我需要你帮忙选一个新的粉底。

B: Encantada de ayudarte. ¿Conoces tu tono de piel?
我很乐意帮忙,你知道你的色号吗?

A: En realidad no lo sé, normalmente no me pongo ningún tipo de maquillaje.
不知道,我平常不化妆的。

B: No pasa nada, vamos a probar para saber qué tono deberías usar.
没关系,我们试一试就知道了。

A: Vaya, tienen una gran cantidad de marcas.
哇,他们有好多牌子。

B: Hoy también tienen muchos recién llegados.
而且今天有好多新货到店。

Capítulo 3 娱乐

状况 02 药妆店

A: Todo está con descuento. Hoy es mi día de suerte.
每样东西都打折，今天真幸运。

B: El máximo es hasta un 50% de descuento.
最多打五折。

A: ¿En serio? ?Es hora de compras!
真的啊？那么就尽量买！

B: ¿Pero aceptan tarjeta de crédito?
但可以用信用卡付账吗？

A: Sí, creo que sí.
我想是可以的。

补充句型

西▶ Vamos 地点 juntos.
中▶ 我们一起去 地点 。

西▶ 金额 más barato.
中▶ 便宜 金额 。

西▶ ¿Puedo pagar con 方法 ?
中▶ 我可以用 方法 结账吗？

状况 03
电器街

种类
电器街会卖的东西

la electrónica
(名词) ★★★
电器产品

el electrodoméstico
(名词) ★★★★
家电产品

los productos audiovisuales
(词语) ★★★★
影像设备

la pieza electrónica
(词语) ★★★★
电子零件

el accesorio de computadora
(词语) ★★★★
电脑周边

el equipo de música
(词语) ★★★★
音响设备

el equipo informático
(词语) ★★★★
资讯设备

el sistema de monitorio
(词语) ★★★★
监视系统

la computadora / el ordenador
(名词) ★★★★
电脑

地点
电器街周边的地点

el aparcamiento
(名词) ★★★
停车位

la zona peatonal
(词语) ★★★
行人专用区

la parada de taxi
(词语) ★★★★
出租车搭乘处

la vereda / la acera
(名词) ★★★
人行道

la tienda de especialidad
(词语) ★★★★
专卖店

el puesto
(名词) ★★★★
摊点；摊位

Capítulo 3 娱乐

状况 03 电器街

视听产品

电器街会卖的视听产品

la televisión
(名词)
电视

la radio
(名词)
收音机

la grabadora
(名词)
录音机

la televisión de pantalla plana
(词语)
薄型电视

el reproductor de Blue Ray
(词语)
蓝光播放器

la televisión de plasma
(词语)
等离子电视

el reproductor de MP3
(词语)
MP3 播放器

el amplificador
(名词)
音箱

el proyector
(名词)
投影机

el reproductor de CD
(词语)
CD 播放器

el altavoz
(名词)
喇叭

el videojuego
(词语)
电动游戏

el reproductor de DVD
(词语)
DVD 播放器

el home cinema
(词语)
家庭影院

las tres dimensiones (3D)
(词语)
立体 (3D)

TiVo
(名词)
电视录影机

la alta definición
(词语)
高画质 (HD)

el walkman
(名词)
随身听

临时需要用到的一个词 西语关键词6000

状况 03
电器街

厨房家电
电器街会卖的厨房家电产品

家电产品
电器街会卖的空气调节的家电

la nevera
(名词)
★★★★
冰箱

la máquina vaporera de arroz
(词语)
★★★★
电饭锅

el hervidor
(名词)
★★★★
电热水瓶

el microondas
(名词)
★★★
微波炉

la tostadora
(名词)
★★★★
烤面包机

el procesador de residuos de cocina
(词语)
★★★
厨余处理机

la licuadora
(名词)
★★★
果汁机

la placa de inducción
(词语)
★★★
电磁炉

el horno
(名词)
★★★★
烤箱

la cafetera
(名词)
★★★★
咖啡机

el lavavajillas
(名词)
★★★
洗碗机

el tostador para sándwich
(词语)
★★★
烤三明治机

el aire acondicionado
(名词)
★★★★
空调

el ventilador
(名词)
★★★★
电风扇

la estufa
(名词)
★★★★
暖气

el humidificador
(名词)
★★★★
加湿器

el deshumidificador
(名词)
★★★★
除湿器

el purificador de aire
(词语)
★★★★
空气净化器

Capítulo 3 娱乐

状况 03 电器街

家电产品

电器街会卖的家电产品

el secador de pelo
(词语) ★★★★
吹风机

la bombilla
(名词) ★★★
电灯泡

la lámpara
(名词)
台灯

la afeitadora eléctrica
(词语) ★★★★
电动刮胡刀

el cepillo eléctrico
(词语) ★★★★
电动牙刷

la báscula
(词语) ★★★★
磅秤

el teléfono
(名词) ★★★★
电话

el teléfono inalámbrico
(词语) ★★★
无线电话

el teléfono móvil / el celular
(词语 / 名词) ★★★
移动电话

la lavadora
(名词) ★★★★
洗衣机

la secadora
(名词)
烘衣机

el sillón de masaje
(词语) ★★★★
按摩椅

la plancha
(名词) ★★★
电熨斗

el calefón / la caldera
(名词) ★★★
热水器

la lámpara anti-insectos
(词语) ★★★★
捕蚊灯

la aspiradora
(名词) ★★★
吸尘器

la batería
(名词)
电池

临时需要用到的**一个句型**

西▶ está lleno

中▶ ~很拥挤，满是

- Este tren está lleno.
  这火车挤得不得了。
- El restaurante está lleno de gente.
  这间餐厅挤满了人。
- Time Square siempre está lleno.
  时代广场永远都很挤。
- Toda la calle está llena por eso ni siquiera puedo moverme.
  整条街都堵住了，我动都不能动。

 补充句型

西▶ la fiesta anual / la fiesta de fin de año

中▶ 年会

年会上常见的活动：

- el sorteo 抽奖
- la representación 表演
- el discurso 致词
- salud 敬（举酒杯）

Capítulo 3 娱乐

状况 03 电器街

临时需要用到的一个句型

西 ▶ **celebrar / hacer**
中 ▶ **举办**

- Un carnaval se celebra en el parque.
  公园里正在举行一场嘉年华。
- Un desfile de moda se está celebrando en el parque de Bryant.
  布莱恩公园正在举行一场时尚秀。
- Aquí es donde se hace el rodaje de películas.
  这是电影拍摄的地方。

临时需要的生活短语

- la edición limitada
  限量商品
- el producto especial de...
  ……的特产
- la alta tecnología
  高科技的
- el último modelo
  最新型号
- el nuevo lanzamiento
  新上市的
- tres años de garantía
  三年保修期

状况 04
便利商店

种类
便利商店的种类

Seven Eleven
7-11便利店

Family Mart
全家便利店

Hi Life
莱尔富便利店

el kiosco
(名词)
零售店

la tienda en cadena
(词语)
连锁店

营业方式
便利商店的营业方式

abre todo el año
(词语)
全年无休

abre 24 horas
(词语)
二十四小时营业

abierto(阳性) **abierta**(阴性)
(形容词)
营业的

la sucursal
(名词)
分店

la franquicia
(名词)
加盟店

la tienda directa
(名词)
直营店

地点
便利商店里的地点

la ventana de vidrio
(词语)
玻璃窗

la puerta automática
(词语)
自动门

la caja registradora
(词语)
收银机

el mostrador
(名词)
柜台

el baño para discapacitados
(词语)
无障碍厕所

Capítulo 3 娱乐

状况 04 便利商店

食物

便利商店卖的食物

el bocadillo
(名词)
点心类 ★★★

el pan
(名词)
面包 ★★★

el sándwich
(名词)
三明治 ★★★

el postre
(名词)
甜点 ★★★★

la factura
(名词)
酥皮点心 ★★★★

el panecillo
(名词)
包子 ★★★

la caja de comida
(名词)
便当 ★★★★

onigiri
握寿司 ★★★★

shushi
寿司 ★★★★

shoba ★★★
荞麦面

udon
乌龙面 ★★★

los fideos salteados
(词语)
炒面 ★★★

la pasta italiana
(名词)
意大利面 ★★★★

la guarnición
(名词)
配菜；小菜 ★★★

la ensalada
(名词)
沙拉 ★★★★

la bebida
(名词)
饮料 ★★★★

el licuado / el granizado
沙冰 ★★★★

la comida frita
(词语)
油炸物 ★★★★

la comida rápida
(词语)
速食 ★★★

临时需要用到的一个词 **西语关键词6000**

状况 04
便利商店

词汇
在便利商店会用到的词汇

entrar la mercancía
(词语)
进货 ★★★★

transportar
(动词)
运送 ★★★★

faltante
(形容词)
缺货的 ★★★★

el producto de nueva temporada
(名词)
新商品 ★★★★

el producto con descuento
(名词)
打折商品 ★★★★

el cupón
(名词)
优惠券 ★★★★

juntar puntos
(词语)
集点 ★★★

el sorteo
(名词)
抽奖 ★★★★

el remate
(名词)
成交 ★★★

compras uno y te llevas otro gratis
(词语)
买一送一 ★★★★

el precio original
(词语)
原价 ★★★★

人物
在便利商店会碰到的人

el dueño (阳性)
la dueña (阴性)
(名词)
老板、主人 ★★★★

el empleado (阳性)
la empleada (阴性)
(名词)
店员 ★★★★

el tiempo parcial
(词语)
部分时间 ★★★★

el gerente (阳性)
la gerente (阴性)
(名词)
经理 ★★★★

el pasante (阳性)
la pasante (阴性)
(名词)
实习生 ★★★★

144

Capítulo 3 娱乐

状况 04 便利商店

动作

在便利商店会做的动作

abrir
(动词) ★★★★
打开

cerrar
(动词) ★★★★
关闭

calentar en el microondas
(词语) ★★★★
微波

calentar
(动词) ★★★★
加热

tratar
(动词) ★★★★
处理

llenar
(动词) ★★★★
填写

mandar
(动词) ★★★
寄

retirar
(动词) ★★★★
取货

preguntar
(动词) ★★★★
询问

comprar
(动词) ★★★★
买东西

devolver
(动词) ★★★★
退货

utilizar
(动词) ★★★★
利用

elegir
(动词) ★★★★
挑选

cambiar
(动词) ★★★★
换货

词汇

在便利商店和结账相关的词汇

la tarifa
(名词) ★★★★
费用、关税

el pago
(名词) ★★★★
支付

el cambio de moneda
(词语) ★★★★
换钞

el efectivo
(名词) ★★★★
现金

el cambio
(名词) ★★★★
零钱

pagar con la tarjeta
(词语) ★★★
刷卡

临时需要用到的一个句型

西▶ estar abierto todo el año
中▶ 全年无休

- Nuestro sitio está abierto todo el año para usted.
  我们的网站全年无休为您服务。
- Las tiendas de conveniencia en China están abiertas todo el año.
  中国的便利店全年无休。

西▶ abrir
中▶ 开店

- ¿A qué hora abre?
  你们几点开始营业?
- Nuestro horario es de 9 a.m. a 9 p.m..
  我们的营业时间是早上九点到晚上九点。
- ¿Hasta qué hora está abierto?
  开到几点?

临时需要的生活短语

- ¿Necesitas una bolsa? 你需要袋子吗?
- Quédase con el cambio. 不用找了。
- ¿Puedo utilizar este cupón? 我可以用这张折价券吗?
- ¿Quieres que lo caliente? 你要我加热它吗?
- ¿Puedes calentarlo? 你可以加热它吗?

Capítulo 3 娱乐

状况 04 便利商店

临时需要用到的一个句型

开启……/ 关闭……

西 ▶ abrir...
中 ▶ 开启……

- Abrir la puerta.
  打开门。
- Abrir el libro.
  打开书。
- Abrir el mapa.
  打开地图。

西 ▶ encender...
中 ▶ 开启……（电器用品）

- Encender el televisor.
  打开电视。
- Encender la radio.
  打开收音机。
- Encender el aire acondicionado.
  打开空调。

西 ▶ cerrar...
中 ▶ 关闭……

- Cerrar el libro.
  把书合上。
- Cerrar la puerta.
  关门。
- Cerrar la tienda.
  关店

西 ▶ apagar...
中 ▶ 关掉……（电器用品）

- Apagar la radio.
  关掉收音机。
- Apagar el computador / el ordenador / la computadora.
  关掉电脑。
- Apagar la estufa.
  关掉暖气。

临时需要的生活短语

- Canjear el cupón. 使用折价券换现金 / 商品。
- ¿Puedo pagar mi factura de teléfono aquí?
  这里可以缴电话费吗？

状况 05
超级市场

种类
超级市场的种类

el supermercado (名词)
超市 ★★★★

la farmacia (名词)
药房 ★★★★

la tienda de belleza (词语)
美妆杂货店 ★★★★

el supermercado orgánico (词语)
有机超市 ★★★★

Costco ★★★★
好市多

el hipermercado (词语)
大卖场 ★★★★

el mercado en internet (词语)
网上超市 ★★★★

Walmart ★★★★
沃尔玛
(世界最大的超市连锁店)

el centro comercial (词语)
百货商店 ★★★★

人物
超级市场会看到的人

el cliente (阳性)
la clienta (阴性) (名词)
顾客 ★★★★

el gerente (阳性)
la gerente (阴性) (名词)
经理 ★★★★

el empleado (阳性)
la empleada (阴性) (名词)
店员 ★★★★

el vendedor (阳性)
la vendedora (阴性) (名词)
销售员 ★★

el servicio al cliente (词语)
客服 ★★★

Capítulo 3 娱乐

状况 05 超级市场

食物
超级市场里与食物相关的东西

la comida procesada
(词语)
加工食品

el producto agrícola
(词语)
农产品

el marisco
(名词)
海鲜

las aves
(名词)
家禽

la carne
(名词)
肉类

la comida enlatada
(词语)
罐头食品

生活用品
超级市场里的生活用品

el producto básico
(词语)
基本民生用品

el utensilio de cocina
(名词)
厨房用具

el bazar
(名词)
杂货

el mueble
(名词)
家具

el producto electrónico
(词语)
电子产品

los juegos de cama
(词语)
寝具

el producto cosmético
(词语)
化妆品

el limpiador
(名词)
清洁用品

el electrodoméstico
(名词)
家电

el producto digital
(词语)
数码产品

状况 05
超级市场

个人用品	形容
超级市场会有的个人用品	形容超级市场的词汇

la vestimenta (名词)
服饰

la ropa de mujer (词语)
女装

la ropa de hombre (词语)
男装

la ropa infantil (词语)
童装

la ropa interior (词语)
内衣

el producto para bebés (词语)
婴儿用品

la dama (名词)
女士

el caballero (名词)
男士

los calzados (名词)
鞋子

la cartera (名词)
皮夹

el niño (名词)
儿童

el medicamento (名词)
药品

la belleza (名词)
美容 (用品)

barato (阳性) **barata** (阴性) (形容词)
便宜的

mucho (阳性) **mucha** (阴性) (形容词)
多的

variado (阳性) **variada** (阴性) (形容词)
多样的

poco (阳性) **poca** (阴性) (形容词)
少的

conveniente (形容词)
方便的

la gran escala (词语)
大规模

Capítulo 3 娱乐

状况 05 超级市场

动作
在超级市场会做的动作

mover (动词) ★★★★
移动

comprar (动词) ★★★★
购物

comparar (动词) ★★★★
比较

pedir (动词) ★★★★
订购

devolver (动词) ★★★★
退货

cambiar (动词) ★★★★
换货

tomar (动词) ★★★★
搭乘

词汇
超级市场里还会看到的词汇

la nueva temporada (词语) ★★★
新到货

importado (阳性) **importada** (阴性) (形容词) ★★★★
进口的

con descuento (词语) ★★★★
折扣中

orgánico (阳性) **orgánica** (阴性) (形容词) ★★★★
有机的

el centro de información (词语) ★★★★
服务台

pesar (动词) ★★★
称重

la promoción (名词) ★★★★
促销

el descuento especial (词语) ★★★★
优待

el stock (名词) ★★★
库存

la trazabilidad (名词) ★★★
生产履历检索

la exhibición (名词) ★★★
展示

robado (阳性) **robada** (阴性) (形容词) ★★★
失窃的

临时需要用到的**一段对话**

到超市退货

A: Discúlpeme, la leche que compré ayer estaba pasada. ¿Puedo devolverla?
不好意思,我昨天在这里买的牛奶已经酸掉了,我可以退货吗?

B: Le pido disculpas. Enseguida le atenderá nuestro servicio al cliente.
我向您道歉,我们的客服人员马上会为您服务。

A: Muchas gracias.
谢谢你。

B: Por acá por favor. Procederemos a hacerle un reembolso completo y le daremos un cupón para que lo use en el futuro.
这边请,我们将为您办理全额退款,并送上一张折价券供您日后使用。

A: Es muy amable de su parte. Gracias.
这倒是很不错。谢谢。

B: Esto es lo menos que podemos hacer. Una vez más, lo siento por las molestias.
这是我应该做的,再次为给您带来的不便向您致歉。

补充句型

西 ▶ **Disculparse por...**
中 ▶ 为……致歉

Capítulo 3 娱乐

状况 05 超级市场

临时需要用到的一个句型

西 ▶ tomar + 工具
中 ▶ 乘……

- tomar el ascensor 乘电梯
- tomar el colectivo / bus 乘公交车
- tomar el tren 乘火车

西 ▶ Yo quiero + 动作
中 ▶ 我想……

- Quiero comer pizza para la cena.
  晚餐我想吃披萨。
- Quiero comprar una nueva computadora portátil.
  我想买新的笔记本电脑。
- Quiero dejar mi trabajo.
  我想辞职。
- Quiero mudarme a un nuevo lugar.
  我想搬去一个新的地方。

临时需要的生活短语

- El cerdo no está bien cocido. 这猪肉没熟。
- El pollo sabe a sangre. 鸡肉有血味。
- La leche se ha podrido. 牛奶酸掉了。
- Cumplimos las necesidades de los clientes.
  我们满足顾客的需求。

153

状况 06
夜景

种类
夜景的种类

la noche
(名词)
夜晚 ★★★★

la medianoche
(名词)
午夜 ★★★★

nocturno (阳性)
nocturna (阴性)
(形容词)
夜间的 ★★★★

la vista nocturna
(词语)
夜景 ★★★★

la vista nocturna del aeropuerto
(词语)
机场夜景 ★★★★

la vista nocturna de la cuidad
(名词)
城市夜景 ★★★★

颜色
夜景会看到的颜色

rojo (阳性)
roja (阴性)
(形容词)
红色 ★★★★

morado (阳性)
morada (阴性)
(形容词)
紫色 ★★★★

azul
(形容词)
蓝色 ★★★★

verde
(形容词)
绿色 ★★★★

blanco (阳性)
blanca (阴性)
(形容词)
白色 ★★★★

naranja
(形容词)
橘色 ★★★★

动作
看夜景的动作

mirar
(动词)
看 ★★★★

ver
(动词)
眺望 ★★★★

observar
(动词)
观看 ★★★★

mirar para arriba
(词语)
仰望 ★★★★

mirar para abajo
(词语)
俯视 ★★★★

mirar desde
(词语)
从……看 ★★★★

Capítulo 3 娱乐

状况 06 夜景

地点
看夜景的地点

el punto de vista nocturno
(词语)
看夜景的地点 ★★★

el campo
(名词) ★★★★
乡下

el mar
(名词) ★★★★
海洋

la montaña
(名词) ★★★★
山

la ciudad
(名词) ★★★★
都市

Hong Kong
(名词) ★★★★
香港

las tres mejores vistas del mundo de noche
世界三大夜景

Mónaco
(名词) ★★★★
摩纳哥

词汇
跟看夜景地点有关的词汇

la carretera
(名词) ★★★★
道路

el camino
(名词) ★★★★
路径

la pista
(名词) ★★★★
道路；方法

el estacionamiento
(名词) ★★★★
停车场

el mapa
(名词) ★★★★
地图

el tiempo que se gasta a pie
(词语) ★★★★
徒步时间

el tráfico
(名词) ★★★★
交通

155

状况 06
夜景

动作
跟夜景相关的动作

fotografiar (动词) ★★★★
拍照

tomarse las manos (词语) ★★★★
牵手

conducir (动词) ★★★★
开车

subir (动词) ★★★★
爬（高）

apurar (动词) ★★★
赶

alabar (动词) ★★★
赞美

citar (动词) ★★★★
约会

abrazar (动词) ★★★★
拥抱

sorprender (动词) ★★★★
惊讶

confesar (动词) ★★★★
告白

cansado (阳性) **cansada** (阴性) (形容词) ★★★★
疲倦的

encontrarse (动词) ★★★★
会合

prometer (动词) ★★★★
承诺

形容
跟夜景有关的形容词

especial (形容词) ★★★★
特别的

maravilloso (阳性) **maravillosa** (阴性) (形容词) ★★★★
美极的

luminoso (阳性) **luminosa** (阴性) (形容词) ★★★★
明亮的

borroso (阳性) **borrosa** (阴性) (形容词) ★★★★
模糊的

nublado (阳性) **nublada** (阴性) (形容词) ★★★★
多云的

Capítulo 3 娱乐

状况 06 夜景

词汇

和夜景相关的词汇

el cielo nocturno
(词语)
夜空

el amanecer
(名词)
破晓

el atardecer
(名词)
夕阳

la estrella
(名词)
星星

la vista
(名词)
视野

la vía láctea
(名词)
银河

la Luna
(名词)
月亮

la estrella fugaz
(词语)
流星

la luz
(名词)
光

la luz de Luna
(词语)
月光

la contaminación lumínica
(词语)
光害

la bombilla
(名词)
电灯泡

la luz de neón
(词语)
霓虹灯

la foto
(名词)
照片

la imagen
(名词)
图像

la fotografía
(名词)
摄影

grabar
(动词)
录影

el puerto
(名词)
港湾

la luz de calle
(词语)
路灯

临时需要用到的**一个句型**

西 ¿Cuánto tiempo se tarda...?
中 ……要花多少时间？

- ¿Cuánto tiempo se tarda a pie en llegar al estacionamiento?
  走到停车场要多久？

- ¿Cuánto tiempo se tarda en volar desde Tokio a Beijing?
  从东京到北京要飞多少时间？

- ¿Cuándo tiempo se tarda en ir y volver?
  来回一趟要花多少时间？

西 ¿Cuánto cuesta / sale...?
中 ……要多少钱？

- ¿Cuánto cuesta el vuelo a Tokio?
  到东京的航班多少钱？

- ¿Cuánto cuesta el billete?
  车票要多少钱？

- ¿Por cuánto me saldría si lo quiero envolver como regalo?
  如果我要包装成礼盒的话多少钱？

 Capítulo 3 娱乐

状况 06 夜景

临时需要用到的一个句型

西 ▶ desde... hasta...
中 ▶ 从……到……

- Este tren va desde Beijing hasta Shanghai.
  这班车从北京到上海。
- Tomé el autobús desde mi casa hasta la oficina.
  我从家乘公交车到公司。
- Tú tendrás que tomar un taxi desde el aeropuerto hasta la galería.
  从机场到画廊你必须要乘出租车。

临时需要的生活短语

- Estar atascado en el tráfico. 正在堵车。
- Ver la vista nocturna. 看夜景。
- Mala vista. 视野不佳。

贴心小补充

世界三大夜景

专门研究夜景对旅游业影响的夜景峰会，主办单位根据问卷及实地调查后决定新的"世界三大夜景"。

上一次，世界三大夜景获胜的是：香港、北海道函馆和意大利那不勒斯。

但这次在长崎举行的夜景峰会上，香港、长崎及摩纳哥的夜景被评委选为新一批"世界三大夜景"。

状况 07
滑雪

地点
滑雪的地点

la montaña
(名词)
山上
★★★★

la ladera
(名词)
山坡
★★★★

el complejo turístico
(词语)
度假村
★★★★

la pista de esquí
(词语)
滑雪场
★★★★

la motonieve
(名词)
雪车
★★

el telesilla / el aerosilla
(名词)
电缆椅
★★★★

el teleférico / la telecabina
(名词)
滑雪场缆车
★★★★

la pista avanzada de esquí
(词语)
高阶滑雪道
★★★

la pista básica de esquí
(词语)
初学者滑雪道
★★★★

tomar el helicóptero para esquiar
(词语)
乘直升机滑雪
★★

形容
滑雪的形容词

rápido (阳性)
rápida (阴性)
(形容词)
高速的
★★★★

excitante / emocionante
(形容词)
刺激的
★★★★

peligroso (阳性)
peligrosa (阴性)
(形容词)
危险的
★★★★

hábil
(形容词)
技艺高超的
★★★★

torpe
(形容词)
跌跌撞撞的
★★★★

doloroso (阳性)
dolorosa (阴性)
(形容词)
痛的
★★★★

Capítulo 3 娱乐

状况 07 滑雪

种类

滑雪的配备

la tabla de esquí
(词语)
滑雪板

los palos de esquí
(词语)
雪杖

las gafas de protección
(词语)
护目镜

las botas de esquí
(词语)
雪靴

la gorra de esquí
(词语)
雪帽

los guantes de esquí
(词语)
手套

las orejeras
(名词)
帽耳，护耳

la ropa de rompevientos
(词语)
防风衣

los calcetines de esquí
(词语)
滑雪袜

la chaqueta de plumón
(词语)
羽绒衣

el suéter
(名词)
毛衣

la almohadilla térmica
(词语)
暖暖包

los patines
(名词)
冰鞋

la máscara
(名词)
防护面具；口罩

el equipo para la protección del cuerpo
(词语)
护身装备

el fijador
(名词)
固定器

el pasamontañas
(名词)
只露出眼睛的面罩
(遮面型) 防塞帽

状况 07
滑雪

动作
滑雪的动作

deslizar
(动词) ★★★★
划

arrancar las piernas
(词语) ★★
推转双脚

controlar la presión
(词语) ★★★
压力控制

inclinar el cuerpo
(词语) ★★★
倾斜身体

girar
(动词) ★★★
转弯

impulsar los palos de esquí
(词语) ★★★
推动滑雪棒

词汇
滑雪的相关字汇

alquilar
(动词) ★★★★
租赁

el instructor de esquí (阳性)
la instructora de esquí (阴性)
(词语) ★★
滑雪指导员

el transporte
(名词) ★★★★
交通运输

médico
(形容词) ★★★
医疗的

la patrulla de rescate
(词语) ★★★
搜救警力

rescatar
(动词) ★★★★
搜救

滑雪胜地
滑雪胜地

Aramón Panticosa
潘蒂科萨 (西) ★★★

Granada
格拉纳达 (西) ★★

Puerto de Navacerrada
纳瓦塞拉山口 (西) ★★

Andorra
安道尔 (西) ★★

Bariloche
巴里洛切 (阿) ★★

Ushuaia
乌斯怀亚 (阿) ★★

Capítulo 3 娱乐

状况 07 滑雪

注意事项

滑雪的注意事项

el clima
(名词)
气候

la tormenta de nieve
(词语)
暴风雪

la técnica
(名词)
技巧

la conciencia
(名词)
察觉

el bache
(名词)
坑洞

el acompañante (阳性)
la acompañante (阴性)
(名词)
同伴

动作

溜冰会做的动作

la pista de patinaje
(词语)
溜冰场

patinar
(动词)
溜

caer
(动词)
摔倒

equilibrar
(动词)
平衡

inclinar
(动词)
倾斜

girar
(动词)
转弯

frenar
(动词)
刹车

acelerar
(动词)
加速

saltar
(动词)
跳

practicar
(动词)
练习

alquilar
(动词)
租

devolver
(动词)
还

临时需要用到的**一段对话**

邀约朋友一起滑雪

A: ¿Alguna vez has ido a esquiar?
你去滑过雪吗？

B: No, siempre he querido ir, pero nunca tuve la oportunidad.
没有，我一直很想去，但一直都没机会。

A: Bueno, ¿estás preparado para un viaje de esquí mañana? ¿O es que ya tienes plan?
那么，明天如何呢？还是你已经有约了？

B: ¡Eso sería genial! Tengo muchísimas ganas. Pero tengo que pedirte un favor.
那太好了，我超想去。但可以请你帮我一个忙吗？

A: Te escucho.
我洗耳恭听。

B: ¿Podrías llevarme a comprar el equipo de esquí?
你可以带我去买滑雪装备吗？

 补充句型

西 ▶ **Hace** 名词 .
中 ▶ 有 名词 的天气。

 Capítulo 3 娱乐

状况 07 滑雪

 临时需要用到的一段对话

和朋友一起买滑雪的装备

A: ¡Hay demasiadas cosas!
东西也太多了吧!

B: ¿Trajiste la lista de la compra que escribí para ti?
你带我写给你的购物清单了吗?

A: Por supuesto, aquí está. En primer lugar, un par de botas de esquí.
带了,在这里。第一项,先找一双雪地靴。

A: ¿Qué tal estas? Son de una marca muy famosa.
这双怎么样?是一家很知名的品牌出的。

B: Bueno, no me gusta mucho el color, demasiado brillante.
嗯,我不太喜欢这个颜色,太闪亮了。

A: Es cierto, el color no te queda bien.
这倒是真的,这个颜色不配你。

B: Voy a preguntar al vendedor sobre el color para ver si tiene alguna recomendación.
我去问问店员吧,顺便请他推荐。

 补充句型

西 ▶ **primero es lo primero**

中 ▶ 先到先办 / 重要的事先处理

状况 08
购物中心

地点

购物中心里会有的地点

el outlet (名词) ★★★★
品牌折扣店

el centro de información (词语) ★★★★
服务台

la entrada (名词) ★★★★
入口

el restaurante (名词) ★★★★
餐厅

el banco (名词) ★★★★
长板凳

el pasillo (名词) ★★★★
走廊

el depósito (名词) ★★★★
仓库

el negocio (名词) ★★★★
店；生意

el puesto (名词) ★★★★
摊贩

el puesto callejero (词语) ★★★★
路边摊

la exposición (名词) ★★★★
展示场

el probador (名词) ★★★★
试衣间

la sala VIP (词语) ★★★
贵宾室

la tienda (名词) ★★★★
店铺

la tienda directa (名词) ★★★
直营店

la sucursal (名词) ★★★★
分店

la tienda principal (词语) ★★★★
旗舰店

la sede (名词) ★★★★
总部

el baño (名词) ★★★★
洗手间

la plaza (名词) ★★★★
广场

Capítulo 3 娱乐

状况 08 购物中心

折扣
和购物中心有关的折扣

la temporada pasada (词语)
上一季

la temporada nueva (词语)
新品、新一季

el último descuento (词语)
最后折扣

compras uno y te llevas otro gratis (词语)
买一送一

...% de descuento (词语)
打……折

形容
和购物中心有关的形容词

caro (阳性) **cara** (阴性) (形容词)
贵的

barato (阳性) **barata** (阴性) (形容词)
廉价的

deseado (阳性) **deseada** (阴性) (形容词)
渴望的

hermoso (阳性) **hermosa** (阴性) (形容词)
美丽的

moderno (阳性) **moderna** (阴性) (形容词)
时尚的

debe tener (词语)
必备单品

la mejor calidad (词语)
品质好的

la variedad (名词)
品种

comprable (形容词)
负担得起的

bonito (阳性) **bonita** (阴性) (形容词)
可爱的

compra y gana (词语)
买到赚到的

especial (形容词)
特别的

状况 08
购物中心

种类

在购物中心卖的东西

la vestimenta
(名词)
服饰

el mueble
(名词)
家具

el electrodoméstico
(名词)
家电

el accesorio
(名词)
配件

los calzados
(名词)
鞋类

el perfume
(名词)
香水

la decoración
(名词)
家庭装饰品

la cartera / el bolso
(名词)
包

la lencería
(名词)
女性内衣

la ropa interior
(词语)
内衣

las gafas
(名词)
眼镜

los juegos de cama
(词语)
寝具

la tienda de ropa / boutique
(名词)
服装店 / 精品店

el equipo de deporte
(词语)
运动用品

la joya
(名词)
珠宝

la maleta
(名词)
行李箱

el producto para el cuidado de la piel
(词语)
保养品

el producto cosmético
(词语)
化妆品

Capítulo 3 娱乐

状况 08 购物中心

词汇

和购物中心相关的词汇

la venta al por mayor
(词语)
批发 ★★★★

el stock
(名词)
存货 ★★★★

consumir
(动词)
购买 ★★★★

cambiar
(动词)
换货 ★★★★

comprar
(动词)
买 ★★★★

el cheque
(名词)
支票 ★★★★

incambiable
(形容词)
无法退换的 ★★★★

indeciso (阳性)
indecisa (阴性)
(形容词)
优柔寡断的 ★★★★

desperdiciar
(动词)
浪费 ★★★★

deber
(动词)
负债 ★★★★

retirar
(动词)
提款 ★★★

buscar
(动词)
寻找 ★★★★

llevar
(动词)
带；拿 ★★★★

comprobar
(动词)
检查 ★★★★

devolver
(动词)
退货 ★★★★

devolver el efectivo
(词语)
退款 ★★★★

la tarjeta de crédito
(词语)
信用卡 ★★★★

la garantía
(名词)
保证 ★★★★

el efectivo
(名词)
现金 ★★★★

状况 08
购物中心

词汇

在品牌折扣店还会用到的词汇

la ganga
(名词) ★★★★
便宜货

gustar
(形容词) ★★★★
喜欢

preferir
(形容词) ★★★★
偏好

el estilo
(名词) ★★★★
风格

la tendencia
(名词) ★★★★
趋势

la imitación
(名词) ★★★★
仿冒品

vencer
(动词) ★★★★
过期

el cuero crudo
(词语) ★★★★
真皮

agotado (阳性)
agotada (阴性)
(形容词) ★★★★
缺货的

ver nada más
(词语) ★★★★
随便看看

ignorar
(动词) ★★★★
忽视

educado (阳性)
educada (阴性)
(形容词) ★★★★
有礼貌的

la paciencia
(名词) ★★★★
有耐心的

probarse
(动词) ★★★★
试穿

decidir
(动词) ★★★★
决定

enviar
(动词) ★★★★
运送

envolver
(动词) ★★★★
包装

la tarjeta de regalo
(词语) ★★★★
礼品卡

el recibo
(名词) ★★★★
收据

Capítulo 3 娱乐

状况 08 购物中心

形容词

其他在购物中心会用到的形容词

grande
(形容词)
大的 ★★★★

recién inaugurado
(词语)
新开幕的 ★★★★

luminoso (阳性)
luminosa (阴性)
(形容词)
明亮的 ★★★★

cómodo
cómoda
(形容词)
舒适的 ★★★★

conveniente
(形容词)
方便的 ★★★★

práctico (阳性)
práctica (阴性)
(形容词)
便利的 ★★★★

generoso (阳性)
generosa (阴性)
(形容词)
大方的 ★★★★

tacaño (阳性)
tacaña (阴性)
(形容词)
小气的 ★★★★

grosero (阳性)
grosera (阴性)
(形容词)
无礼的 ★★★★

mandón (阳性)
mandona (阴性)
(形容词)
爱指挥他人的 ★★★★

ofensivo (阳性)
ofensiva (阴性)
(形容词)
冒犯的 ★★★★

de buen gusto
(词语)
有品味的 ★★★★

directo (阳性)
directa (阴性)
(形容词)
直接的 ★★★★

honesto (阳性)
honesta (阴性)
(形容词)
诚实的 ★★★★

raro (阳性)
rara (阴性)
(形容词)
稀有的 ★★★★

satisfecho (阳性)
satisfecha (阴性)
(形容词)
满足的 ★★★★

exhausto (阳性)
exhausta (阴性)
(形容词)
精疲力竭的 ★★★★

临时需要用到的**一个句型**

西 ▶ queda bien / va bien con...
中 ▶ 适合……

- Este vestido te queda bien.
  这件礼服很适合你。

- Esta camiseta no va bien con tus pantalones vaqueros.
  这件衬衫不配你的牛仔裤。

- Este bolso va bien con su ropa.
  这个包和她的服装很配。

临时需要的生活短语

- La nieve empieza a acumularse.
  开始积雪了。

- El día nevado.
  下雪天

- La escuela está cerrada debido a la tormenta de nieve.
  学校因为暴风雪关闭了。

- Mantente abrigado.
  请穿得保暖。

Capítulo 3 娱乐

状况 08 购物中心

临时需要用到的一个句型

西▶ Probar... / probarse...
中▶ 试（吃/用）…… / 试（穿）……

- ¿Puedo probarme este vestido?
  我可以试穿这件衣服吗？

- ¿Puedo probarme la camisa?
  我可以试穿这件衬衫吗？

- ¿Puedo probar este sabor?
  我可以试吃这个口味吗？

- ¿Puedo probar este color en la cara?
  我可以在脸上试这个颜色吗？

西▶ una talla más grande / más pequeña
中▶ 大 / 小一号

- Esto me queda demasiado pequeño, ¿puedo probarme una talla más grande?
  这太小了，我可以试大一号的吗？

- Esto me queda demasiado flojo, tengo que probarme al menos una talla más pequeña.
  这真的太松了，我至少要拿小一号的。

临时需要的生活短语

- Eso es una verdadera ganga. 简直是买到赚到了。

- ¿Me puedes dar un poco más de descuento?
  可以再给我一点折扣吗？

状况 09
博物馆

种类

博物馆的展览种类

el arte
(名词)
艺术

la pintura
(名词)
画作

el documento
(名词)
文件

la historia
(名词)
历史

la estatua
(名词)
雕像

la cultura
(名词)
文化

el registro
(名词)
记录

la música
(名词)
音乐

la antigüedad
(名词)
古董

el vestigio
(名词)
遗迹

la arquitectura
(名词)
建筑

el libro
(名词)
书籍

el fósil
(名词)
化石

la escultura
(名词)
雕刻

la porcelana
(名词)
瓷器

el esqueleto
(名词)
骨骼

el bosquejo
(名词)
素描、初稿

la plata
(名词)
银器

la muestra
(名词)
标本

Capítulo 3 娱乐

状况 09 博物馆

人物
博物馆内出现的人物

el director general (阳性)
la directora general (阴性)
(名词)
馆长

el guía (阳性)
la guía (阴性)
(名词)
讲解员

el visitante (阳性)
la visitante (阴性)
(名词)
游客

el voluntario (阳性)
la voluntaria (阴性)
(名词)
义工

词汇
参观博物馆还会用到的词汇

el pintor (阳性)
la pintora (阴性)
(名词)
画家

el arquitecto (阳性)
la arquitecta (阴性)
(名词)
建筑师

el artista (阳性)
la artista (阴性)
(名词)
艺术家

el fotógrafo (阳性)
la fotógrafa (阴性)
(名词)
摄影师

la Edad Media (词语)
中古世纪

el impresionismo (名词)
印象派

el fauvismo (名词)
野兽派画风

antes de Cristo (AC)
(词语)
公元前

después de Cristo (DC)
(词语)
公元后

inapreciable (形容词)
无价的

el valor (名词)
价值

状况 09
博物馆

动作

参观博物馆会做到的动作

visitar
(动词)
参观 ★★★★

admirar
(动词)
欣赏 ★★★★

memorizar
(动词)
记住 ★★★★

entrar
(动词)
进入 ★★★★

fotografiar
(动词)
拍照 ★★★★

comprar la entrada
(词语)
买票 ★★★★

tocar
(动词)
触摸 ★★★★

rodear
(动词)
包围 ★★★★

guiar
(动词)
引导 ★★★★

atraer
(动词)
吸引 ★★★★

observar
(动词)
观察 ★★★★

explicar
(动词)
解释 ★★★★

tapar (la vista)
(动词)
挡住(视线) ★★★★

estudiar
(动词)
研究 ★★★★

apreciar
(动词)
欣赏 ★★★★

esperar
(动词)
期待 ★★★★

salir
(动词)
离开 ★★★★

experimentar
(动词)
体验 ★★★★

recordar
(动词)
回想 ★★★★

Capítulo 3 娱乐

状况 09 博物馆

形容
博物馆会用到的形容词

impresionante (形容词)
印象深刻的

simple (形容词)
简单的

lujoso (阳性) **lujosa** (阴性) (形容词)
华丽的

claro (阳性) **clara** (阴性) (形容词)
清楚的

moderno (阳性) **moderna** (阴性) (形容词)
现代的

borroso (阳性) **borrosa** (阴性) (形容词)
模糊的

enriquecido (阳性) **enriquecida** (阴性) (形容词)
丰富的

avanzado (阳性) **avanzada** (阴性) (形容词)
前卫的

viejo (阳性) **vieja** (阴性) (形容词)
老旧的

histórico (阳性) **histórica** (阴性) (形容词)
历史悠久的

precioso (阳性) **preciosa** (阴性) (形容词)
珍贵的

时间
博物馆会注意到的时间

el día de trabajo (词语)
开馆日

el día de descanso (词语)
休馆日

el horario de apertura (词语)
开馆时间

el calendario (名词)
日历

momento de actividades (词语)
活动时间

177

临时需要用到的一个句型

西 ▶ **estar impresionado por... /
tener buena opinión de...**

中 ▶ **对……印象深刻 / 对……印象很好**

- Estoy impresionado por la variedad de la colección.
  我对馆藏的多样性印象深刻。
- Estoy impresionado por la belleza y la finura del arte.
  对于艺术的精美,我真的印象深刻。
- Estoy impresionado por su talento.
  我对她的天分印象深刻。
- Tengo muy buena opinión de ti.
  我对你评价很高。
- Todo el mundo en esta empresa tiene buena opinión de Ian.
  公司的每一个人都对伊恩评价很高。

西 ▶ **coleccionar + 名词**

中 ▶ **收集……**

- Coleccionar estampillas / sellos. 收集邮票
- Ella colecciona estampillas / sellos. 她收集邮票。
- Colecciono monedas de diferentes países.
  我收集不同国家的钱币。
- El museo colecciona una gran cantidad de obras de arte.
  这家博物馆收集了许多精美的艺术品。

Capítulo 3 娱乐

状况 09 博物馆

临时需要用到的一个句型

西▶ atraer...

中▶ 被……吸引

- Me atrae el color de la pintura.
  我被那幅画的颜色吸引了。

- Se siente atraído por su forma de cantar.
  他被她的唱歌的方式吸引了。

- Me siento atraído por el actor.
  我被那个演员吸引了。

西▶ atraer / llamar la atención...

中▶ 吸引……的目光

- Su bolso enseguida me llamó la atención.
  她的包立刻引起了我的注意。

- Su rugido llama la atención de todo el mundo.
  他的吼叫吸引了大家的目光。

- Su magia ha atraído la atención del público.
  他的魔术吸引了观众的目光。

临时需要的生活短语

- el museo de arte 美术馆
- el museo histórico 历史博物馆
- el museo telefónico 电话博物馆
- visitar el museo 参观博物馆

状况 10
赏枫

时间	种类
赏枫的时间和气候	赏枫会看到的树木

el otoño
(名词) ★★★★
秋天

septiembre
(名词) ★★★★
九月

el arce
(名词) ★★★★
枫树

empezar
(动词) ★★★★
开始

octubre
(名词) ★★★★
十月

la hoja de arce
(词语) ★★★★
枫树；红叶

el comienzo
(名词) ★★★
开始的时候

noviembre
(名词) ★★★★
十一月

la hoja roja
(词语) ★★★★
红叶

el invierno
(名词) ★★★★
冬天

fresco (阳性)
fresca (阴性)
(形容词) ★★★★
凉爽的

la hoja verde
(词语) ★★★★
绿叶

la brisa
(名词) ★★★★
微风

la hoja caída
(词语) ★★★★
落叶

el tronco
(名词) ★★★★
树干

parcialmente soleado / parcialmente nublado
(词语) ★★★★
晴间多云

la planta perenne
(词语) ★★★★
万年青

Capítulo 3 娱乐

状况 10 赏枫

地点

赏枫会去到的地点

el bosque
(名词)
森林

la colina
(名词)
丘陵

el cerro
(名词)
小山

el parque nacional
(词语)
国家公园

la telecabina
(名词)
缆车

el teleférico
(名词)
缆车

el sitio histórico
(词语)
古迹

el lugar famoso
(词语)
名胜

el principal atracción
(词语)
主要景点

las ruinas
(名词)
遗址

el patrimonio mundial
(词语)
世界遗产

la cabaña
(名词)
小木屋

el río
(名词)
河川

la montaña
(名词)
山上

el templo
(名词)
寺庙

el santuario
(名词)
寺庙（古罗马的）

la construcción
(名词)
建筑物

la naturaleza
(名词)
大自然

临时需要用到的一个词 西语关键词6000

状况 10
赏枫

词汇

和赏枫有关的词汇

mirar el arce
(词语)
赏枫
★★★

la altitud
(名词)
海拔
★★★★

la elegancia
(名词)
优美;幽雅
★★★★

el florecimiento
(名词)
开花
★★★★

el crucero
(名词)
巡航
★★★★

la corriente abajo
(词语)
往下游
★★★★

extenso (阳性)
extensa (阴性)
(形容词)
广阔的
★★★★

decolorar
(动词)
使掉色
★★★

el ambiente
(名词)
气氛
★★★★

el paisaje
(名词)
景色
★★★★

el alojamiento
(名词)
住宿
★★★★

el viaje de un día
(词语)
一日旅行
★★★★

popular
(形容词)
受欢迎
★★★★

ultravioleta
(形容词)
紫外线 (UV)
★★★★

el turista (阳性)
la turista (阴性)
(名词)
游客
★★★★

el banco
(名词)
长椅
★★★★

la mesa
(名词)
桌子
★★★★

el viaje
(名词)
旅行
★★★★

el grupo de turismo
(词语)
旅行团
★★★★

♫
182

Capítulo 3 娱乐

状况 10 赏枫

动作

赏枫会做到的动作

pasear
(动词)
闲逛

fotografiar
(动词)
拍照

reunir
(动词)
聚集

mirar desde arriba
(词语)
眺望

bosquejar
(动词)
素描

plantar
(动词)
种植

pisar
(动词)
踩踏

el pícnic
(名词)
野餐

llenar
(动词)
充满

teñir
(动词)
染

alinear
(动词)
并列；排列

introducir
(动词)
介绍

levantar
(动词)
捡起；举起

disfrutar
(动词)
享受

visitar
(动词)
拜访

emocionar
(动词)
感动

gustar
(动词)
喜爱

el vistazo
(名词)
一瞥

salir
(动词)
离开

临时需要用到的一个句型

西 ▶ mientras tanto / al mismo tiempo
中 ▶ 边……边…… / 同时……

- Estamos haciendo ejercicio y escuchando música al mismo tiempo.
  我们一边做运动一边听音乐。

- Estamos viendo la televisión; mientras tanto, Jason está buscando información sobre el alojamiento.
  我们在看电视的同时,杰森也在查住宿资讯。

临时需要的生活短语

- Hermosos paisajes.
  美丽的景色。

- Lleno de la atmósfera de otoño.
  充满了秋天的气氛。

- La excursión para apreciar los arces.
  赏枫行程。

- Canadá es famoso por sus arces.
  加拿大以枫叶闻名。

- ¿Quieres ir a ver los arces con nosotros?
  你要不要和我们一起赏枫。

Capítulo 3 娱乐

状况 10 赏枫

临时需要用到的一个句型

搭乘某种交通工具去做某事

西 ▶ **tomar...**
中 ▶ 搭乘（交通工具）去……

- Tomo un tren para ir a la escuela.
  我乘火车去学校。
- Tomo un autobús para viajar.
  我乘公交车去旅行。
- Estamos planeando tomar un tren para ir a la montaña ver los arces.
  我们打算乘火车到山上赏枫。

临时需要的生活短语

- Las hojas están cambiando a color rojo.
  叶子变红了。
- Las hojas empiezan a caer.
  叶子开始掉了。
- Vamos de un viaje a Canadá.
  我们要去加拿大玩。
- Se tarda unos 30 minutos en llegar a la parte superior de la montaña.
  爬到山顶大概要花三十分钟。

状况 11
海滩

地点
海滩会用到的地点

el mar
(名词)
海 ★★★★

el océano
(名词)
海洋 ★★★★

la playa
(名词)
海滩 ★★★★

la costa
(名词)
海岸 ★★★★

el área costera
(词语)
沿海地区 ★★★★

el litoral
(名词)
沿岸

la playa artificial
(词语)
人工海滩 ★★★

la arena
(名词)
沙子 ★★★★

el parque acuático
(词语)
海水浴场 ★★★

la actividad acuática
(词语)
水上活动 ★★★

la zona acuática
(词语)
水域 ★★★

形容
海滩会用到的形容词

limpio (阳性)
limpia (阴性)
(形容词)
干净的 ★★★★

plano (阳性)
plana (阴性)
(形容词)
平坦的 ★★★★

emocionado (阳性)
emocionada (阴性)
(形容词)
刺激的

divertido (阳性)
divertida (阴性)
(形容词)
好玩的 ★★★★

relajado (阳性)
relajada (阴性)
(形容词)
放松的 ★★★★

Capítulo 3 娱乐

状况 11 海滩

词汇

海滩会看到跟潮汐有关的词汇

la ola
(名词)
波浪

la onda
(名词)
浪花

la marea
(名词)
海潮

la corriente
(名词)
水流

la marea creciente
(词语)
涨潮

el viento de mar
(词语)
海风

la marea de reflujo
(词语)
退潮

el remolino
(名词)
漩涡

el viento
(名词)
风势

el surf
(名词)
冲浪

el ciclo
(名词)
周期循环

物品

海滩会看到的物品

el traje de natación / el bañador
(词语)
游泳衣

la sombrilla
(名词)
海滩伞

el aro flotador
(词语)
游泳圈

la tabla flotante
(词语)
浮板

el gorro de natación
(词语)
泳帽

el salvavidas
(名词)
救生衣

临时需要用到的一个词 西语关键词6000

状况 11
海滩

活动
在海滩会做的活动

el castillo de arena
(词语)
沙堡 ★★★★

nadar
(动词)
游泳 ★★★★

saltar
(动词)
跳水 ★★★★

bucear
(动词)
潜水 ★★★★

el voleibol de playa
(词语)
沙滩排球 ★★★★

la moto acuática
(词语)
水上摩托车 ★★★★

生物
在海滩会看到的生物有哪些

el pez
(名词)
鱼 ★★★★

el cangrejo
(名词)
螃蟹 ★★★★

el erizo de mar
(词语)
海胆 ★★★★

el alga
(名词)
海藻 ★★★★

la tortuga de mar
(词语)
海龟 ★★★★

el coral
(名词)
珊瑚 ★★★★

el cangrejo ermitaño
(词语)
寄居蟹 ★★★★

la estrella de mar
(词语)
海星 ★★★

el pepino de mar
(词语)
海参 ★★★

el langostino
(名词)
虾 ★★★★

la medusa
(名词)
水母 ★★★★

el plancton
(名词)
浮游生物 ★★★

Capítulo 3 娱乐

状况 11 海滩

人物
在海滩会看到的人物

el socorrista (阳性)
la socorrista (阴性)
(名词)
救生员

los niños
(名词)
儿童（复数）

el amigo (阳性)
la amiga (阴性)
(名词)
朋友

el turista (阳性)
la turista (阴性)
(名词)
游客

el pescador (阳性)
la pescadora (阴性)
(名词)
渔夫

动作
在海滩会做的动作有哪些

nadar
(动词)
游泳

hacer surf
(词语)
冲浪

pescar
(动词)
钓鱼

recoger
(动词)
捡拾

buscar
(动词)
寻找

tomar el sol
(词语)
日光浴

construir
(动词)
堆（沙堡）

pasar la noche
(词语)
过夜

esperar
(动词)
期待

disfrutar
(动词)
享受

caminar
(动词)
走路

remar
(动词)
划船

状况 11
海滩

词汇

在海滩会用到的其他词汇

el crustáceo
(名词)
贝类 ★★★★

el paisaje
(名词)
风景 ★★★★

la imagen
(名词)
印象 ★★★★

la luz solar
(词语)
阳光 ★★★★

el bikini
(名词)
比基尼

el campamento
(名词)
露营

la basura
(名词)
垃圾 ★★★★

el protector solar
(词语)
防晒霜 ★★★

la instalación
(名词)
设施 ★★★★

la carpa
(名词)
帐篷 ★★★★

el cubo de basura
(词语)
垃圾桶 ★★★★

el ocio
(名词)
休闲 ★★★

las gafas de sol
(词语)
太阳镜 ★★★★

el marisco
(名词)
海产 ★★★★

la inundación
(名词)
淹水；进水 ★★★★

la madera flotante
(词语)
漂流木 ★★★★

el flotador
(名词)
漂流物 ★★★★

seguro (阳性)
segura (阴性)
(形容词)
安全 ★★★★

la clasificación
(名词)
排名 ★★★★

Capítulo 3 娱乐

状况 11 海滩

动作
在海滩还会做的动作有哪些

ir (动词) 去

volver (动词) 返回

llevar (动词) 拿取

diferenciar (动词) 区别；区分

calmar (动词) 变平静

la erosión (名词) 侵蚀

soplar (动词) 吹

extraer (动词) 拉

acercar (动词) 逼近

golpear (动词) 打

fluir (动词) 漂流

动作
和游泳相关的动作

flotar (动词) 漂浮

bucear (entre agua) (动词) 潜入（水中）

practicar (动词) 练习

detener la respiración (词语) 停止呼吸

saltar (动词) 跳

pisar el agua (词语) 踩水

rescatar (动词) 救

临时需要用到的一个句型

西 ▶ planear...
中 ▶ 计划……

- Planear ir de excursión el fin de semana.
  计划周末去爬山。
- Planear ir a pescar este domingo.
  计划星期天去钓鱼。
- Planear ir a acampar la próxima semana.
  计划下周去露营。

西 ▶ construir...
中 ▶ 堆 / 建……

- Los niños están construyendo un castillo de arena.
  孩子们在堆沙堡。
- Me encanta construir muñecos de nieve los días nevados.
  雪天我最喜欢堆雪人。
- Keith construyó una casa con su Lego.
  奇斯用乐高积木盖了一间房子。

临时需要的生活短语

- El surf de olas enormes. 巨浪冲浪。（夏威夷举办的比赛）
- Tomar un baño de sol. 做日光浴。
- Jugar al voleibol de playa. 玩海滩排球。
- El flotador de plátano. 香蕉船。

Capítulo 3 娱乐

状况 11 海滩

临时需要用到的一个句型

西 ▶ ... y ...

中 ▶ 边……边……

- Caminamos por la playa y recogemos la basura.
  我们边在海岸漫步边捡垃圾。

- Vamos a cenar y a ver la hermosa vista nocturna al mismo tiempo.
  我们边吃晚餐，边看城市夜景。

西 ▶ cerca de...

中 ▶ 能亲近……

- Cerca de la naturaleza.
  亲近大自然。

- Cerca de la ciudad.
  离城市近一点。

临时需要的生活短语

- Recoger conchas de caracol.
  捡贝壳。

- Caminar por la playa.
  在海岸上走。

- Nadar en el océano / en el mar.
  在海里游泳。

- La marea está subiendo.
  正在涨潮。

状况 12
登山

种类
各种山的种类

la colina (名词)
丘陵

el cerro (名词)
小山

la montaña alta (词语)
高山

el monte (名词)
山脉

la cordillera (名词)
山脉

el Himalaya (名词)
喜马拉雅山

人物
登山会碰到的人

el alpinista (阳性)
la alpinista (阴性) (名词)
登山者

el equipo de alpinismo (词语)
登山队

el guía de montaña (阳性)
la guía de montaña (阴性) (词语)
登山向导

el guía (阳性)
la guía (阴性) (名词)
向导

el principiante (阳性)
la principiante (阴性) (名词)
新手

el compañero (阳性)
la compañera (阴性) (名词)
同行者

el admirador (阳性)
la admiradora (阴性) (名词)
爱好者

el iniciador (阳性)
la iniciadora (阴性) (名词)
初学者

Capítulo 3 娱乐

状况 12 登山

基本配备

登山需要的基本配备

el equipo
(名词)
装备

los calzados
(名词)
鞋子

el equipamiento para la lluvia
(词语)
雨具

el mapa
(名词)
地图

la linterna
(名词)
手电筒

la mochila para subir a la montaña
(词语)
登山背包

配备

登山需要的配备有哪些

la brújula
(名词)
指南针

el equipamiento contra el frío
(词语)
御寒器具

el termo
(名词)
保温瓶

las botas de nieve
(词语)
雪靴

el garfio
(名词)
防滑带钉鞋底；
冰爪，铁钩

la soga
(名词)
绳索

el martillo
(名词)
锤

la hacha para romper el hielo
(词语)
破冰斧

la escalada artificial
(词语)
垂降器

el bastón
(名词)
杖

el cerrojo
(名词)
登山用铁锁

el gancho
(名词)
登山用铁钩

状况 12
登山

地点
登山会住到的地方

el alojamiento (名词)
住宿

la carpa (名词)
帐篷

el saco de dormir (词语)
睡袋

la hostería (名词)
小旅社

el baño (名词)
厕所

la cabaña (名词)
小屋

事物
登山能够享受到的事物

escalar (动词)
登顶

el pico (名词)
顶峰

el camino de montaña (词语)
山路

refrescarse en el bosque (词语)
森林浴

el paisaje natural (词语)
自然景观

aerobio (阳性) **aerobia** (阴性) (形容词)
有氧运动的

el peligro (名词)
危险

la seguridad (名词)
安全性

la planta silvestre (词语)
野生植物

el animal salvaje (词语)
野生动物

el relax (名词)
放松

Capítulo 3 娱乐

状况 12 登山

形容

登山会用到的形容词

alto (阳性)
alta (阴性)
(形容词)
高的

magnífico (阳性)
magnífica (阴性)
(形容词)
壮观的

hermoso (阳性)
hermosa (阴性)
(形容词)
美的

interesante
(形容词)
有趣的

mucho (阳性)
mucha (阴性)
(形容词)
很多的

terrible
(形容词)
恐怖的

apropiado (阳性)
apropiada (阴性)
(形容词)
合适的

desafiante
(形容词)
有挑战性的

tranquilamente
(副词)
从容地

glaciar
(形容词)
冰川的

directamente
(副词)
直直地

difícil
(形容词)
困难的

fácil
(形容词)
简单

estrecho (阳性)
estrecha (阴性)
(形容词)
窄的

ancho (阳性)
ancha (阴性)
(形容词)
宽的

gradualmente
(副词)
渐渐地

bastante
(形容词/副词)
相当的(地)

lento (阳性)
lenta (阴性)
(形容词)
缓慢的

临时需要用到的一个词 西语关键词6000

状况 12
登山

动作
登山会做的动作

escalar (动词) ★★★★
登；爬

perder (动词) ★★★★
迷路

caminar (动词) ★★★★
走路

caer (动词) ★★★★
跌倒

deslizar (动词) ★★★★
滑

subsidiar (动词) ★★★★
补给

mover (动词) ★★★
搬运

obtener (动词) ★★★★
拥有

descansar (动词) ★★★★
休息

reunir (动词) ★★★★
集合

partir (动词) ★★★★
出发

retrasar (动词) ★★★★
迟；延迟

lastimarse (动词) ★★★★
受伤

时间
和登山有关的时间

lento (阳性)
lenta (阴性)
(形容词) ★★★★
慢的

rápido (阳性)
rápida (阴性)
(形容词) ★★★★
快的

repetidamente (副词) ★★★★
屡次

ocasionalmente (副词) ★★★★
偶尔

generalmente (副词) ★★★★
经常

otra vez (副词) ★★★★
再一次

Capítulo 3 娱乐

状况 12 登山

词汇

登山会用的词汇

la montaña
(名词)
山

subir a la montaña
(词语)
登山

observador
(阳性)
observadora
(阴性)
(形容词)
观察敏锐的

registrar
(动词)
记录

el pronóstico meteorológico
(词语)
天气预报

competir
(动词)
比赛

el mapa topográfico
(词语)
地形图

escalar la montaña
(词语)
爬山

la competición de montañismo
(词语)
登山比赛

la competición de escalada de roca
(词语)
攀登比赛

inclinar
(动词)
倾斜

el agua termal
(词语)
温泉水

el rocío
(名词)
露水

el polo
(名词)
极地

dañar
(动词)
破坏

el montañismo
(名词)
爬山运动

la caída de rocas
(词语)
落石

el helicóptero
(名词)
直升机

临时需要用到的**一个句型**

西 ▶ estar interesado en / interesar...

中 ▶ 对……有兴趣

- Estoy interesado en el senderismo.
  我对登山有兴趣。
- Él está interesado en sacar fotografías / la fotografía.
  他对拍照有兴趣。
- Mi padre está interesado en la jardinería.
  我父亲对园艺有兴趣。
- ¿Te interesa trabajar aquí?
  你对来这里工作有兴趣吗?

西 ▶ me encantaría...

中 ▶ 我很乐意……

- Me encantaría viajar contigo.
  我很乐意和你一起旅游。
- Me encantaría cenar con ella.
  我很乐意和她一起共进晚餐。
- Me encantaría ser tu alegría.
  我很乐意当你的开心果。
- Me encantaría conocerte.
  我很乐意认识你。

Capítulo 3 娱乐

状况 **12** 登山

临时需要用到的一个句型

西 ▶ **llegar a un rescate**
中 ▶ 拯救……

- Llegaremos pronto a tu rescate.
  我们很快就会去救你。

- No te preocupes, la policía pronto llegará a nuestro rescate.
  别担心,警察很快就会来救我们了。

西 ▶ **salvar la vida**
中 ▶ 救了……一命

- Me caí de la montaña, pero me salvó la vida.
  我从山上摔下来,他救了我一命。

临时需要的生活短语

- Cuidado. 小心。
- Ten cuidado. 你小心一点。
- Ser consciente de... 对……有警觉 / 察觉……
- Tomar fotografías. 拍照。

临时需要用到的一个词 西语关键词6000

状况 13
运动

种类

球类运动

el fútbol
(名词)
足球；橄榄球

el béisbol
(名词)
棒球

el béisbol profesional
(词语)
职业棒球

el sóftbol
(名词)
垒球

los bolos
(名词)
保龄球

el tenis
(名词)
网球

el golf
(名词)
高尔夫球

el bádminton
(名词)
羽毛球

el baloncesto
(名词)
篮球

el voleibol
(名词)
排球

el balonmano
(名词)
手球

人物

球类运动会看到的人

el jugador (阳性)
la jugadora (阴性)
(名词)
选手

el deportista (阳性)
la deportista (阴性)
(名词)
运动员

el entrenador (阳性)
la entrenadora (阴性)
(名词)
教练

el árbitro (阳性)
la árbitro (阴性)
(名词)
裁判

Capítulo 3 娱乐

状况 13 运动

器材

球类运动会用到的器材

el equipamiento
(名词) ★★★★
装备

el palo de golf
(词语) ★★★★
高尔夫球杆

la bolsa de golf
(词语) ★★★
高尔夫球袋

el bate
(名词) ★★★★
球棒

la raqueta
(名词) ★★★★★
球拍

los guantes
(名词) ★★★★
手套

词汇

棒球运动的相关单词

defender
(动词) ★★★★
守备

atacar
(动词) ★★★★
攻击

el empate
(名词) ★★★
拉锯战；平手

dentro de
(词语) ★★★★
未出界

fuera de
(词语) ★★★★
出界

el tipo de lanzamiento
(词语) ★★★★
投掷的种类

a salvo
(词语) ★★★★
安全（到垒）

la base
(名词) ★★★★
垒

la bola buena
(词语) ★★★★
好球

el out
(词语) ★★★★
出局；出界

la doble jugada
(词语) ★★★★
双杀

el cuadrangular / el home run
(名词) ★★★★
全垒打

状况 13
运动

词汇
运动比赛的相关单词

el equipo (名词) ★★★★
队伍

el grupo (名词) ★★★★
组

el partido (名词) ★★★★
比赛

el juego (名词) ★★★★
局次

la advertencia (名词)
警告

transmitido por TV (词语) ★★★
电视转播

la regla (名词) ★★★★
规则

la puntuación (名词) ★★★★
分数

la competencia (名词) ★★★★
比赛

el campeón (名词) ★★★★
冠军

el rendimiento (名词) ★★★
表现,效益

la derrota (名词) ★★★★
输

la victoria (名词) ★★★★
胜利

动作
运动比赛会做的动作

competir (动词) ★★★★
竞争

ganar (动词) ★★★★
获胜

perder (动词)
输

calificar (动词)
计分

luchar (动词) ★★★★
挣扎

combatir (动词) ★★★★
对抗

Capítulo 3 娱乐

状况 13 运动

词汇

篮球运动的相关单词

el tiro de tablero
(词语)
擦板球

el tiro de doble amague
(词语)
拉杆式投篮

la anotación de campo
(词语)
投篮命中

el tiro gancho
(词语)
钩射投篮

el tiro en suspensión
(词语)
跳投

los jugadores de banquillo
(词语)
板凳球员

el tiro libre
(词语)
罚球

el tablero
(名词)
篮板

asistir
(动词)
助攻

el área restringida
(词语)
禁区

la falta ofensiva
(词语)
带球撞人

la cesión del balón
(词语)
失误

el codazo
(名词)
打拐子

el primer tiempo
(词语)
上半场

la falta intencionada
(词语)
恶意性犯规

la falta
(名词)
犯规

la línea de tiros libres
(词语)
罚球线

el tiro de tres puntos
(词语)
三分球

状况 13
运动

地点
可以游泳的地点

la pileta / la piscina
(名词)
游泳池 ****

el parque de diversión acuático
(词语)
水上乐园 ****

el lago
(名词)
湖 ****

el mar
(名词)
海 ***

el colegio de natación
(词语)
游泳学校 ****

la playa
(名词)
海滩 ****

种类
游泳的方式有哪些

nadar al estilo libre
(词语)
自由泳 ***

nadar al estilo braza
(词语)
蛙泳 ****

nadar al estilo mariposa
(词语)
蝶泳 ****

nadar al estilo espalda
(词语)
仰泳 ***

el método de nadar
(词语)
游法 ****

nadar al estilo pisando agua
(词语)
踩水泳 ****

nadar al estilo brazada de costado
(词语)
侧泳 ****

patear
(动词)
打水，踩 ****

saltar la piedra
(词语)
打水漂 ****

Capítulo 3 娱乐

状况 13 运动

配备
游泳需要准备的配备

el equipamiento
(名词)
装备

el flotador
(词语)
泳圈

el gorro de nadar / de natación
(词语)
泳帽

las gafas de nadar
(词语)
蛙镜

los tapones para los oídos
(词语)
耳塞

el carril
(名词)
泳道

el trampolín
(名词)
跳板

la tableta flotante
(词语)
浮板

la piscina
(名词)
水池

el toallón / la toalla
(名词)
游泳用的大毛巾

种类
游泳的类型有哪些

nadar
(动词)
游泳

la larga distancia
(词语)
长距离

bucear
(动词)
潜水

saltar al agua
(词语)
跳水

el buceo
(名词)
潜水

状况 13
运动

动作
游泳会用到的动作

vestir
(动词)
穿戴 ★★★★

llevar
(动词)
挂；戴 ★★★★

poner
(动词)
穿 ★★★★

usar
(动词)
使用 ★★★★

molestar
(动词)
困扰 ★★★★

avanzar
(动词)
前进 ★★★★

mover
(动词)
动 ★★★★

aprender
(动词)
学习 ★★★★

observar
(动词)
注意 ★★★★

flotar
(动词)
浮 ★★★★

hundir
(动词)
沉入 ★★★★

animar
(动词)
促进；鼓励 ★★★★

词汇
和游泳有关的词汇

la presión de agua
(词语)
水压 ★★★★

la potencia flotante
(词语)
浮力 ★★★★

la gravedad
(名词)
重力；地心引力 ★★★★

la respiración
(名词)
换气；气息 ★★★★

practicar para flotar
(词语)
漂浮练习 ★★★

el aguante de la respiración
(词语)
闭气 ★★★★

Capítulo 3 娱乐

状况 13 运动

种类
社交舞

el baile de salón
(词语)
社交舞

la rumba
(名词)
伦巴舞

el chachachá
(名词)
恰恰

el tango
(名词)
探戈

la samba
(名词)
桑巴舞

el vals
(名词)
华尔兹

人物
跳舞会看到的人

el bailarín (阳性)
la bailarina (阴性)
(名词)
舞者

el grupo de baile
(词语)
舞蹈团体

el compañero (阳性)
la compañera (阴性)
(名词)
舞伴

el principiante (阳性)
la principiante (阴性)
(名词)
初学者

配备
跳舞的基本配备

los zapatos de baile
(词语)
舞鞋

el traje de baile
(词语)
舞蹈服装

el movimiento
(名词)
舞步

el ritmo
(名词)
韵律

el tempo
(名词)
节奏

la música de baile
(词语)
舞曲

状况 13
运动

种类

舞蹈的种类

el baile
(名词)
舞蹈 ★★★★

el baile callejero
(词语)
街舞 ★★★★

el baile tap
(词语)
踢踏舞 ★★★★

la danza del vientre
(词语)
肚皮舞 ★★★★

el baile de jazz
(词语)
牛仔舞 ★★★

el baile de hip hop
(词语)
嘻哈舞 ★★★★

el baile de popping
(词语)
机械舞 ★★★★

el ballet
(词语)
芭蕾舞 ★★★★

el baile de locking
(词语)
锁舞 ★★★★

la danza moderna
(词语)
现代舞蹈 ★★★★

el baile de breaking
(词语)
霹雳舞 ★★★

la danza de onda
(词语)
电流舞蹈 ★★★

el aeróbic
(词语)
有氧舞蹈 ★★★★

el baile de salsa
(名词)
萨尔萨舞 ★★★★

la danza africana
(词语)
非洲舞 ★★★★

la capoeira
(名词)
巴西战舞 ★★★★

el baile tahitiano
(词语)
大溪地舞 ★★★

el flamenco
(名词)
弗拉明戈舞 ★★★★

la hula
(名词)
草裙舞 ★★★★

Capítulo 3 娱乐

状况 13 运动

形容
和跳舞相关的形容词

fuerte (形容词)
激烈的

variable (形容词)
各式各样的

difícil (形容词)
困难的

especial (形容词)
特别的

interesante (形容词)
有趣的

fácil (形容词)
简单的

lento (阳性)
lenta (阴性)
(形容词)
缓慢的

aburrido (阳性)
aburrida (阴性)
(形容词)
枯燥的

el dolor (名词)
痛

elegante (形容词)
优雅的

bueno en (阳性)
buena en (阴性)
(词语)
擅长的

malo en (阳性)
mala en (阴性)
(词语)
很差的

sudado (阳性)
sudada (阴性)
(形容词)
汗流浃背的

动作
舞蹈的种类有哪些

practicar (动词)
练习

mover (动词)
摇摆

saltar (动词)
跳

rodear (动词)
转圈

tocar (动词)
点；轻拍

permanecer inmóvil (词语)
定格

la reverencia (名词)
鞠躬

211

临时需要用到的一个词 **西语关键词6000**

状况 13
运动

种类

跑步的方式

el jogging
(名词) ★★★★
慢跑

el maratón
(名词) ★★★★
马拉松

el competencia de pista y campo
(词语) ★★★★
田径赛

caminar
(动词) ★★★★
慢走

la marcha atlética
(名词) ★★★★
竞走

correr
(动词) ★★★★
跑

entrenar
(动词) ★★★★
训练

配备

跑步需要的配备

las zapatillas de jogging
(词语) ★★★
慢跑鞋

los pantalones de jogging
(词语) ★★★
慢跑裤

la máquina de cinta para correr
(名词) ★★★★
跑步机

la gabardina piloto
(名词) ★★★★
风衣

Ipod
(名词) ★★★★
苹果音乐播放器

el protector de muñeca / la muñequera
(词语) ★★★★
护腕

el protector de rodilla / la rodillera
(词语) ★★★★
护膝

el protector
(名词) ★★★★
护具

el protector de cintura
(名词) ★★★
护腰

la música
(名词) ★★★★
音乐

Capítulo 3 娱乐

状况 13 运动

动作

跑步时会做到的动作

correr (动词)
跑

continuar (动词)
持续

fijarse (动词)
注意

mirar hacia atrás (词语)
回头看

calcular (动词)
计算

prevenir (动词)
防止

mejorar (动词)
提升

resistir (动词)
坚持

cansado (阳性) **cansada** (阴性) (形容词)
累的

agotado (阳性) **agotada** (阴性) (形容词)
精疲力竭的

sincronizar (动词)
计时

mover (动词)
移动

mantener (动词)
保持

estimar (动词)
估计

subsidiar (动词)
补充

repetir (动词)
重复

hacia atrás (词语)
向后地

incrementar (动词)
增加

quitar (动词)
脱

状况 13
运动

原因
运动保持健康的原因

la obesidad
(名词) ★★★★
肥胖

la grasa corporal
(词语) ★★★★
身体脂肪

quemar
(动词) ★★★★
燃烧

la caloría
(名词) ★★★★
卡路里

la enfermedad cardiovascular
(词语) ★★★★
心血管疾病

la arterioesclerosis
(名词) ★★★★
动脉硬化

la carga
(名词) ★★★★
负担

el ejercicio
(名词) ★★★★
运动量

la palpitación
(名词) ★★★★
心跳

la enfermedad de estilo de vida
(词语) ★★★★
文明病

la hipertensión
(名词) ★★★★
高血压

la diabetes
(名词) ★★★★
糖尿病

el ácido úrico
(词语) ★★★★
尿酸

种类
其他常见的运动

el deporte
(名词) ★★★★
运动

la pista y el campo
(词语) ★★★★
田径

la natación
(名词) ★★★★
游泳

la gimnasia
(名词) ★★★★
体操

patinar sobre el hielo
(词语) ★★★★
溜冰

el esquí
(名词) ★★★★
滑雪

el yoga
(名词) ★★★★
瑜伽

Capítulo 3 娱乐

状况 **13** 运动

地点
跟运动相关的场地

el campo de béisbol
(词语) ★★★★
棒球场

la cancha de tenis
(词语) ★★★★
网球场

la base de inicio
(词语) ★★★★
本垒

el escenario
(名词) ★★★★
舞台

el estadio
(名词) ★★★★
体育馆

el estudio de baile
(词语) ★★★★
舞蹈教室

功能
运动带来的功能

mantener la salud
(词语) ★★★★
维持健康

el fitness
(名词) ★★★★
健身

la intensidad
(名词) ★★★★
力量

el entrenamiento
(名词) ★★★★
训练

el ejercicio aeróbico
(词语) ★★★★
有氧运动

la energía
(名词) ★★★★
精力

el hobby
(名词) ★★★★
嗜好

el interés
(名词) ★★★★
兴趣

la salud
(名词) ★★★★
健康

la circulación de la sangre
(词语) ★★★★
血液循环

el metabolismo
(名词) ★★★★
新陈代谢

la dieta
(名词) ★★★★
规定的饮食

临时需要用到的一个句型

西 ▶ **me gusta + 原型动词**
中 ▶ 喜欢……运动

- Me gusta jugar al baloncesto.
  我喜欢打篮球。
- Me gusta jugar al tenis.
  我喜欢打网球。
- Me gusta hacer yoga.
  我喜欢做瑜伽。
- Me gusta hacer ejercicio.
  我喜欢运动。

西 ▶ **no me gusta + 原型动词**
中 ▶ 讨厌……运动

- No me gusta jugar a los bolos.
  我讨厌打保龄球。
- No me gusta correr.
  我讨厌慢跑。
- No me gusta jugar al fútbol.
  我讨厌打橄榄球。
- No me gusta nadar.
  我讨厌游泳。

临时需要用到的一个句型

西▶ **estar jugando + 球类**

中▶ 正在进行……球类运动

- Estamos jugando al fútbol.
  我们正在踢足球。
- Estamos jugando al bádminton.
  我们正在打羽毛球。

❗ 球类运动的动词，一律用 jugar。

西▶ **estar haciendo + 运动名称**

中▶ 正在做……运动

- Estamos haciendo yoga.
  我们正在做瑜伽。
- Estamos haciendo ejercicio.
  我们正在做运动。

临时需要的生活短语

- El calentamiento. 进行暖身运动。
- Listo, fuera. 预备，开始。
- Intentar lo mejor. 尽全力。

临时需要用到的一个句型

西 ▶ **Yo sé + 原型动词**
中 ▶ 会……

- Yo sé nadar.
  我会游泳。

- Yo sé jugar al baloncesto.
  我会打篮球。

- Yo sé nadar al estilo espalda.
  我会仰泳。

- Yo sé montar en bici.
  我会骑自行车。

临时需要的生活短语

- pisar el agua
  踢腿；打水

- soltar la mano
  放开手

- agarrar las manos
  握紧手

- aguantar la respiración
  憋气

Capítulo 3 娱乐

状况 13 运动

 临时需要用到的一个句型

西▶ Prefiero... que... / a...
中▶ 我偏好……胜过于……

- Prefiero correr.
  我偏好慢跑。
- Prefiero nadar en el mar que en la piscina.
  比起游泳池，我比较喜欢在海里游泳。
- Prefiero hacer yoga que aeróbic.
  我喜欢做瑜伽胜过有氧运动。
- Profiero el mar a la montaña.
  我喜欢海洋胜过山林。

- driblar 运球
- Mantener la pelota. 拿球。
- atrapar y lanzar 传接球
- doble regate 两次运球（一种犯规动作）
- Asegurarse de que el brazo está recto.
  手一定要伸直。
- Rebotar la pelota contra el suelo.
  把球弹到地。
- Tirar la pelota. 丢球。

临时需要用到的一个 **西语关键词6000**

状况 14
健身房

种类
健身房的种类

el gimnasio
(名词)
健身房 ★★★★

el estadio
(名词)
体育馆 ★★★★

el club deportivo
(词语)
运动俱乐部 ★★★★

el club gimnástico
(词语)
健身俱乐部 ★★★★

la sala de ejercicio
(词语)
健身室 ★★★★

el armario
(名词)
附锁的置物柜 ★★★★

地点
健身房会有的地点

el vestuario
(名词)
更衣室 ★★★★

el spa
(名词)
水疗 ★★★★

la sauna
(名词)
桑拿 ★★★★

la piscina
(名词)
泳池 ★★★★

el campo de práctica
(词语)
练习场 ★★★★

la cancha de tenis
(词语)
网球场 ★★★★

人物
在健身房可能看到的人

el recepcionista
(阳性)
la recepcionista
(阴性)
(名词)
接待人员 ★★★★

el deportista
(阳性)
la deportista
(阴性)
(名词)
运动员 ★★★★

el instructor
(阳性)
la instructora
(阴性)
(名词)
指导员 ★★★

el entrenador
(阳性)
la entrenadora
(阴性)
(名词)
教练 ★★★★

Capítulo 3 娱乐

状况 14 健身房

设备

健身房里的设备

la colchoneta
(名词)
体操垫

el ejercicio abdominal
(词语)
仰卧起坐

la flexión de codos
(词语)
伏地挺身

la bola de ejercicio
(词语)
平衡球

la máquina
(名词)
机器

la empuñadura
(名词)
握力器

el entrenamiento con pesas
(词语)
杠铃

la cinta de correr
(词语)
跑步机

la bicicleta estática
(词语)
飞轮自行车

el aductor
(名词)
夹腿机

el banco específico de abdominales
(词语)
腹肌训练椅

el remo en barra "T"
(词语)
背部拉力训练机

la máquina de press para hombros
(词语)
肩部训练机

la pesa / la mancuerna
(名词)
哑铃

el espejo
(名词)
镜子

el secador de pelo
(词语)
吹风机

el jacuzzi
(名词)
按摩池

状况 14
健身房

种类
在健身房会看到的运动

el aeróbic (名词)
有氧运动

la danza (名词)
舞蹈

el pilates (名词)
普拉提

el yoga (名词)
瑜伽

la lucha (名词)
摔角

el entrenamiento (名词)
训练

la clase de ejercicios (词语)
健身课程

correr (动词)
跑

el kárate (名词)
空手道

el arte marcial (名词)
武术

el boxeo (名词)
拳击

形容
在健身房会用到的形容词

complicado (阳性)
complicada (阴性)
(形容词)
复杂的

difícil (形容词)
困难的

peligroso (阳性)
peligrosa (阴性)
(形容词)
危险的

simple (形容词)
简单的

relajado (阳性)
relajada (阴性)
(形容词)
放松的

sudado (阳性)
sudada (阴性)
(形容词)
汗流浃背的

Capítulo 3 娱乐

状况 14 健身房

身体部位

在健身房会锻炼到的身体部位

el cuerpo (名词)
身体

el pecho (名词)
胸膛

la articulación (名词)
关节

la cintura (名词)
腰

la espalda (名词)
背

el abdomen (名词)
腹部周围

la muñeca (名词)
手腕

el hombro (名词)
肩膀

la nalga (名词)
臀部

la cara externa del muslo (词语)
大腿外侧

la rodilla (名词)
膝盖

extender (动词)
伸展

la cara interna del muslo (词语)
大腿内侧

el tobillo (名词)
脚踝

el músculo abdominal (词语)
腹肌

el pie (名词)
脚

el músculo (名词)
肌肉

el pectoral (名词)
胸肌

el bíceps (名词)
二头肌

状况 14
健身房

事物

在健身房还会看到的事物

el cuidado de la salud
(词语)
身体保健

golpear
(动词)
击

patear
(动词)
踢

la grasa
(名词)
脂肪

la carga
(名词)
负荷

la extensión
(名词)
伸展

el programa
(名词)
方案

el relax
(名词)
消遣；放松

la calma
(名词)
平静

el aceite esencial
(词语)
精油

el pulso
(名词)
脉搏

el foco
(名词)
集中；聚焦

el metabolismo
(名词)
新陈代谢

el efecto
(名词)
效果

la salud
(名词)
健康

la dieta
(名词)
节食，饮食规定

el sobrepeso
(名词)
赘肉

el gasto
(名词)
费用

Capítulo 3 娱乐

状况 14 健身房

动作

在健身会做到的动作

entrenar (动词)
训练

enriquecer (动词)
充实

gastar (动词)
花费

mover (动词)
移动

tenso (阳性)
tensa (阴性)
(形容词)
紧张的；绷紧的

ejercitar (动词)
运动

abrir (动词)
张开

perder peso (词语)
减肥

gordo (阳性)
gorda (阴性)
(形容词)
肥胖的

juntar (动词)
并拢

aliviar (动词)
缓和；放松

preparar (动词)
准备

seleccionar (动词)
选择

tirar (动词)
拉

empujar (动词)
推

levantar (动词)
抬起

concentrar (动词)
专心

respirar profundo (词语)
深呼吸

ajustar (动词)
调整

plegable (形容词)
可折叠的

临时需要用到的一个句型

西 ▶ **es fácil...**

中 ▶ **易于做……**

- Es fácil perder peso. 变瘦很容易。
- Es fácil darse por vencido si uno no se decide.
  如果不下定决心，很容易就放弃了。
- Es fácil empezar a hacer ejercicio, pero difícil seguir haciéndolo.
  要开始运动很简单，难的是持续下去。

西 ▶ **es difícil...**

中 ▶ **不易于做……**

- Es difícil aprender a bailar hip hop. 嘻哈舞很难学。
- Es difícil para las personas mayores apreciar el baile callejero.
  对老年人来说，很难喜欢街舞。
- Es difícil aprender a manejar esta máquina.
  要学会操作这台机器很难。

临时需要的生活短语

- El corazón late rápido. 心跳很快。
- Estiras tu cuerpo. 伸展你的身体。
- Meter el abdomen. 缩小腹部。
- Concentrarse en... 专心于……

Capítulo 3 娱乐
状况 14 健身房

临时需要用到的一个句型

西▶ quiero / no quiero
中▶ 想（不想）……

- Quiero ser más delgada.
  我想要瘦一点。

- Quiero estar superdelgado.
  我想变得超级瘦。

- Yo no quiero ser una chica gordita.
  我不想变胖女孩。

- No quiero llegar a ser adicto a los celulares inteligentes.
  我不想对智能手机上瘾。

临时需要的生活短语

- solicitar la participación de... /
  solicitar ser miembro de...
  申请加入会员

- continuar haciendo...
  持续做……

- insistir...
  坚持……

- bien equipado / equipada
  设备齐全的

- la colección completa
  全套

状况 15
夜生活

种类
电影的种类

la película
(名词)
电影

la animación
(名词)
动画

la película exitosa
(词语)
卖座电影

el trailer
(名词)
预告片

el estreno
(名词)
首映

detrás de la escena
(词语)
幕后花絮

种类
电影的分级制度

la división de niveles
(词语)
分级

todos los públicos
(词语)
普遍级（各年龄皆可观赏）

guía paternal sugerida
(词语)
建议在父母陪同下观赏

guía paternal estricta
(词语)
需由大人陪同观赏

prohibido para menores de 18 años
(词语)
限制级

el límite de edad
(词语)
年龄限制

el tutor (阳性)
la tutora (阴性)
(名词)
监护人

el adulto (阳性)
la adulta (阴性)
(名词)
成人

el menor (阳性)
la menor (阴性)
(名词)
未成年

permitir
(动词)
允许

prohibir la entrada
(词语)
禁止进场

Capítulo 3 娱乐

状况 15 夜生活

种类

从剧情来看，电影的种类

el drama
(名词)
剧情片

la comedia
(名词)
喜剧

la ciencia ficción
(词语)
科幻片

la película de terror
(名词)
恐怖片

la acción
(名词)
动作片

la película de miedo
(词语)
恐怖片

la tragedia
(名词)
悲剧

la película educativa
(词语)
教育片

la comedia romántica
(词语)
浪漫喜剧片

el suspense
(名词)
悬疑片

el documental
(名词)
纪录片

人物

和电影有关的人物

el director (阳性)
la directora (阴性)
(名词)
导演

el actor (阳性)
la actriz (阴性)
(名词)
演员

el protagonista (阳性)
la protagonista (阴性)
(名词)
主角

el personaje
(名词)
人物

el guión
(名词)
剧本

状况 15 夜生活

词汇
和电影有关的词汇

el cine
(名词)
电影院

el estreno
(名词)
首映

el protagonista
(阳性)
la protagonista
(阴性)
(名词)
角色

actuar
(动词)
演出

protagonizar
(动词)
主演

el comentario
(名词)
评价

动作
和电影相关的动作

ver
(动词)
看

publicar
(动词)
出版；发行

criticar
(动词)
批评

culpar
(动词)
指责

invitar
(动词)
邀请

esperar
(动词)
期待

producir
(动词)
制作；创作

el director (阳性)
la directora (阴性)
(名词)
导演

el empalme
(名词)
剪接，连接处

promover
(动词)
宣传

estrenar
(动词)
首映

la taquilla
(名词)
票房

el fracaso
(名词)
票房很差

Capítulo 3 娱乐

状况 15 夜生活

种类

酒吧的种类

el bar
(名词)
酒吧

el pub
(名词)
酒吧

el club nocturno
(词语)
夜店

el bar de solteros
(名词)
单身酒吧

el bar de gays
(词语)
同志酒吧

el mini bar
(词语)
酒店中设置的酒吧

el bar de piano
(词语)
钢琴酒吧

el bar de pie
(词语)
无座位酒吧

el bar de cervezas
(词语)
啤酒酒吧

el bar de jazz
(词语)
爵士酒吧

el bar deportivo
(词语)
设有大型电视屏幕可观赏球赛的酒吧

el bar karaoke
(词语)
卡拉 OK

el salón bar
(词语)
高级酒吧

el club anfitrión
(词语)
有人服务的酒吧

el bar de dardos
(词语)
有飞镖设备的酒吧

la cervecería
(词语)
啤酒厂

el izagaya
(名词)
居酒屋

临时需要用到的一个词 西语关键词6000

状况 15
夜生活

人物
在酒吧会看到的人物

酒类
酒吧会卖的酒

las mujeres
(名词) ★★★★
女性

los hombres
(名词) ★★★★
男性

el cliente (阳性)
la clienta (阴性)
(名词) ★★★★
顾客

el invitado (阳性)
la invitada (阴性)
(名词) ★★★★
客人

el joven (阳性)
la joven (阴性)
(名词) ★★★★
年轻人

el cliente costante (阳性)
la clienta costante (阴性)
(词语) ★★★★
常客

el adulto (阳性)
la adulta (阴性)
(名词) ★★★★
成年人

la moza
(名词) ★★★★
女服务生

el adolescente (阳性)
la adolescente (阴性)
(名词) ★★★★
青少年

el mozo
(名词) ★★★★
男服务生

el cóctel
(名词) ★★★★
鸡尾酒

el vino
(名词) ★★★★
葡萄酒

el vino blanco
(词语) ★★★★
白酒

la cerveza
(名词) ★★★★
啤酒

el whisky añadido
(词语) ★★★★
加了水的威士忌

el sake
(名词) ★★★★
清酒

uno más (阳性)
una más (阴性)
(词语) ★★★★
再来一杯

♪
232

Capítulo 3 娱乐

状況 15 夜生活

形容

在酒吧会用到的形容词

la alta calidad (词语)
高品质

educado (阳性)
educada (阴性)
(形容词)
有礼貌的

mucho (阳性)
mucha (阴性)
(形容词)
多的

poco (阳性)
poca (阴性)
(形容词)
少的

silencioso (阳性)
silenciosa (阴性)
(形容词)
安静的

apretado (阳性)
apretada (阴性)
(形容词)
拥挤的

asombroso (阳性)
asombrosa (阴性)
(形容词)
令人惊奇的

gentil (形容词)
优雅的

suave (形容词)
轻轻的

amable (形容词)
亲切的

joven (形容词)
年轻的

excelente (形容词)
很棒的

动作

在酒吧会做的动作

beber (动词)
喝

probar (动词)
尝试

saborear (动词)
试饮

pasar (动词)
渡过

reservar (动词)
预约

pasar (动词)
路过

relajar (动词)
放松

临时需要用到的**一段对话**

邀约看电影

A: ¿Quieres ir al cine este sábado?
这个星期六要不要一起去看电影?

B: Suena genial. ¿Pero qué quieres ver?
好是好,但是要看什么电影呢?

A: Yo soy un gran fan de Cate Blanchett, ¿has oído hablar de su nueva película, *Blue Jasmine*?
我是凯特·布兰切特的超级粉丝,你有听过她的新电影《蓝色茉莉》吗?

B: Por supuesto, ella es la mejor actriz de este año.
当然啊,她是今一年届的最佳女主角。

A: ¿Te gustaría ver esta película? Por favor, me muero por verla.
你想看那部电影吗?拜托,我很想看。

B: Vale, vamos a reservar las entradas / los billetes por internet.
那么,我们就上网订票吧!

 补充句型

| 西 | ▶ **Vamos al cine +** 日期 . |
| 中 | 日期 的时候,一起去看电影吧。|

Capítulo 3 娱乐

状况 15 夜生活

临时需要用到的一个常识

西班牙电影分级制度

TP : autorizada para todos los públicos
适合所有年龄，该类电影在西班牙的电视台播放时的分级为 TP。

7 : no recomendada para menores de 7 años
有些内容可能不适合七岁以下的儿童，该类电影在西班牙的电视台播放时的分级为 7。

12 : no recomendada para menores de 12 años
可能包括不适合十二岁以下儿童观看的内容，该类电影在西班牙的电视台播放时的分级为 12。

16 : no recomendada para menores de 16 años
十六岁以下必须由家长或成年监护人陪同，该类电影在西班牙的电视台播放时的分级为 16。

18 : no recomendada para menores de 18 años
禁止十八岁以下（包括十八岁）未成年人观看，该类电影在西班牙的电视台播放时的分级为 18。

状况 16
节庆

节日

有哪些节庆要庆祝

el día feriado
(名词)
假日 ★★★★

el feriado nacional
(词语)
节日（政府规定的）★★★★

el cumpleaños
(名词)
生日 ★★★★

el aniversario
(名词)
纪念日 ★★★★

el Día de los Niños
(词语)
儿童节 ★★★★

el Día de San Valetín
(词语)
西方情人节 ★★★★

el Año Nuevo
(词语)
元旦 ★★★★

el Día de Halloween
(词语)
万圣节 ★★★★

la Navidad
(名词)
圣诞节 ★★★★

el Día de Acción de Gracias
(词语)
感恩节 ★★★★

el Día de Martin Luther King
(词语)
马丁路德金日 ★★★★

el Día Conmemorativo
(词语)
阵亡将士纪念日

el Día de los Trabajadores
(词语)
劳动节 ★★★★

el Día de la Raza / de la Hispanidad
(词语)
哥伦布日 ★★★★

la víspera
(名词)
节日前夕 ★★★★

el Día de la Independencia
(词语)
独立纪念日（美国国庆日）★★★★

la Semana Santa
(词语)
复活节 ★★★★

Capítulo 3 娱乐

状况 16 节庆

动作

和节庆有关的动作

decorar (动词) 装饰

participar (动词) 参加

asistir (动词) 出席

la bendición (名词) 祝福

desfilar (动词) 游行

la familia (名词) 家人

la congestión de tráfico (词语) 交通拥堵

desear (动词) 祝福

el presente / el regalo (名词) 礼物

la reunión (名词) 聚会

regalar (动词) 赠送

el tiempo en familia (词语) 家庭时间

juntarse (动词) 聚在一起

形容

和节庆有关的形容词

contento (阳性) **contenta** (阴性) (形容词) 快乐的

precioso (阳性) **preciosa** (阴性) (形容词) 珍贵的

grande (形容词) 盛大的

ruidoso (阳性) **ruidosa** (阴性) (形容词) 热闹的；喧闹的

cálido (阳性) **cálida** (阴性) (形容词) 温暖的

importante (形容词) 伟大的；重要的

临时需要用到的一个词 西语关键词6000

状况 16
节庆

词汇
新年相关的词汇

el Año Nuevo
(词语)
新年 ★★★★

la Nochevieja
(词语)
除夕 ★★★★

la celebración
(名词)
庆祝 ★★★★

el calendario lunar
(词语)
农历 ★★★★

el Año Nuevo Chino
(词语)
春节 ★★★★

el sobre rojo
(词语)
红包 ★★★

词汇
感恩节相关的词汇

agradecido
(阳性)
agradecida
(阴性)
(形容词)
感恩的 ★★★★

el indio
(名词)
印地安人 ★★★★

el peregrino
(名词)
朝圣者 ★★★★

el pastel de calabaza
(词语)
南瓜派 ★★★★

el pavo
(名词)
火鸡 ★★★★

el choclo / el maíz
(名词)
玉米 ★★★★

词汇
圣诞节相关的词汇

la Navidad
(名词)
圣诞节 ★★★★

la Nochebuena
(词语)
圣诞夜 ★★★

el árbol de Navidad
(词语)
圣诞树 ★★★★

Papá Noel
(词语)
圣诞老人 ★★★★

la canción de Navidad / el villancico
(词语)
圣诞歌 ★★★

el reno
(名词)
麋鹿 ★★★★

Capítulo 3 娱乐

状况 16 节庆

词汇
情人节相关的词汇

el Día de San Valentín
(词语)
情人节

el amor
(名词)
爱情

el novio
(名词)
男朋友

la novia
(名词)
女朋友

proponer
(动词)
求婚

la cita
(名词)
约会

enamorarse locamente
(词语)
疯狂爱上

el chocolate
(名词)
巧克力

el regalo
(名词)
礼物

la artesanía
(名词)
手工制作

la declaración
(名词)
表白

el noviazgo
(名词)
交往中

el compromiso
(名词)
承诺

词汇
和休假相关的词汇

el descanso
(名词)
休息

el día libre
(名词)
休假

las vacaciones de verano
(词语)
暑假

las vacaciones de invierno
(词语)
寒假

las vacaciones
(名词)
假期

el viajecito
(名词)
小旅行

临时需要用到的一个句型

西 ¿Qué tipo de...? / ¿Qué clase de...?

中 什么（类型）的东西？

- ¿Qué tipo de regalo estás esperando?
  你期待什么类型的礼物？

- ¿Qué tipo de pastel es esto?
  这是哪一种口味的蛋糕？

- ¿Qué tipo de queso te gusta?
  你喜欢哪一种起司？

- ¿Qué clase de abogado eres?
  你是哪种类型的律师？

临时需要的生活短语

- Él está fascinado por esa mujer.
  他迷恋那个女子。

- Él está enamorado de esa cantante.
  他爱上那个歌手了。

- Él no era tan aficionado a ti.
  他没那么喜欢你。

- Me siento atraído por él.
  我喜欢他。

Capítulo 3 娱乐

状况 16 节庆

临时需要用到的一个句型

西▶ ¡Felicidades por...! / ¡Enhorabuena por...!
中▶ 向人祝贺 / 恭喜……

- ¡Enhorabuena por vuestra boda!
  恭喜你们结婚！

- ¡Felicidades por tu ascenso! Esto es solo el inicio.
  恭喜你升职！这只是个开始而已。

- Enhorabuena por tu jubilación.
  恭喜你退休。

临时需要的生活短语

- Pedir un deseo.
  许愿。

- Celebrar los días de fiesta.
  庆祝节日。

- Pasar el tiempo con la familia.
  和家人作伴。

- Hornear un pastel / una torta.
  烤蛋糕。

临时需要用到的一个句型

西 **ir a + 地方**
中 **去某个地方**

- Ir a la iglesia.
  去教堂。

- Ir al cine.
  去电影院。

临时需要的生活短语

- Decorar el árbol de Navidad.
  装饰圣诞树。

- Decorar la torta.
  装饰蛋糕。

- ¡Feliz Navidad!
  圣诞节快乐！

- ¡Feliz Año Nuevo!
  新年快乐！

- ¡Feliz Halloween!
  万圣节快乐！

- ¡Feliz Día de Acción de Gracias!
  感恩节快乐！

- ¡Felices fiestas!
  佳节愉快！

Capítulo 4
衣服

01 | 帽子
02 | 上衣
03 | 裤子与裙子
04 | 鞋子

状况 01
帽子

种类	
常见的帽子	

el parasol
(名词)
遮阳伞 ★★★

el sombrero de pesca
(词语)
渔夫帽 ★★★

el birrete
(词语)
学士帽 ★★

la gorra de béisbol
(词语)
棒球帽 ★★★

el sombrero ushanka
(词语)
苏联毛帽 ★★★

el sombrero de erstalker
(词语)
狩猎帽 ★★★★

el sombrero lauhala
(词语)
夏威夷式草帽 ★★

el sombrero de panamá
(词语)
巴拿马草帽 ★★

el sombrero de lona
(词语)
帆布帽 ★★★

la gorrita tejida
(词语)
针织便帽；婴儿帽 ★★★

el sombrero trenzado
(词语)
编织帽 ★★

la gorra de lana
(词语)
毛线软帽 ★★★★

种类
造型用的帽子

la boina
(名词)
贝雷帽（圆软帽）★★★

el sombrero de copa alta
(词语)
高礼帽 ★★★

la gorra fascinator
(词语)
女子小礼帽 ★★★

el sombrero vaquero / el sombrero texano
(词语)
牛仔帽 ★★★

la gorra plana
(词语)
鸭舌帽 ★★★

el sombrero fedora
(词语)
男士软呢帽 ★★★

Capítulo 4 衣服

状况 01 帽子

种类
其他常见的帽子

el sombrero
(名词)
帽子

la gorra
(名词)
无边扁帽

el casco
(名词)
安全帽

la capucha
(名词)
连帽衫的帽子

el sombrero de niño
(词语)
儿童帽

el gorro de natación
(词语)
泳帽

la gorra del niño de los periódicos
(词语)
报童帽

el sombrero de copa alta
(词语)
男子高顶大礼帽

el bombín
(名词)
圆顶黑长礼帽

el casco de seguridad
(词语)
作业帽

la gorra de plato
(词语)
军帽

地点
可以买帽子的地点

el centro comercial
(词语)
百货公司

la tienda
(名词)
商店

el mercado comercial
(名词)
大卖场

el mercado
(名词)
市场

el outlet
(名词)
过季卖场

internet
(名词)
网络

状况 01
帽子

词汇
帽子花样的相关词汇

simple
(形容词)
无花色的 ★★★

estampado (阳性)
estampada (阴性)
(形容词)
花样的 ★★★

el bordado
(名词)
刺绣 ★★★

el accesorio
(名词)
装饰品；配件 ★★★

la moda
(名词)
风尚 ★★★

la vanguardia
(名词)
前卫 ★★★

el gusto
(名词)
品味 ★★★★

la tela
(名词)
布料 ★★★★

la calidad
(名词)
品质 ★★★★

la talla única
(词语)
单一尺寸 ★★★★

la talla general
(词语)
一般尺寸 ★★★★

la talla especial
(词语)
大尺寸的 ★★★★

la talla pequeña
(词语)
小尺寸的 ★★★★

形容
跟帽子相关的形容词

grande
(形容词)
大的 ★★★★

pequeño (阳性)
pequeña (阴性)
(形容词)
小的 ★★★★

hermoso (阳性)
hermosa (阴性)
(形容词)
美丽的 ★★★★

guapo (阳性)
guapa (阴性)
(形容词)
好看的 ★★★★

parecido (阳性)
parecida (阴性)
(形容词)
相像的 ★★★★

conveniente
(形容词)
方便的 ★★★★

Capítulo 4 衣服

状况 01 帽子

人物
买帽子的时候会碰到的人

el hombre (名词) ★★★★
男性

la mujer (名词) ★★★★
女性

el adolescente (阳性)
la adolescente (阴性) (名词) ★★★★
青少年

el niño (阳性)
la niña (阴性) (名词) ★★★★
小孩

el dependiente (阳性)
la dependienta (阴性) (名词) ★★★★
店员

el dueño (阳性)
la dueña (阴性) (名词) ★★★★
老板

el cliente (阳性)
la clienta (阴性) (名词) ★★★★
顾客

el caballero (名词) ★★★★
绅士

la dama (名词) ★★★★
女士

el anciano (阳性)
la anciana (阴性) (名词) ★★★
老年人

发饰
搭配帽子使用的发饰

la venda para la cabeza (词语) ★★★
发带

el lazo (名词) ★★★★
蝴蝶结

la horquilla para el cabello (名词) ★★★
发夹

la cinta (名词) ★★★
缎带

la peluca (名词) ★★★★
假发

el pañuelo para la cabeza (词语) ★★★
头巾

临时需要用到的一个词 **西语关键词6000**

状况 01
帽子

动作	工具
跟帽子相关的动作	整理头发的工具

动作

ponerse
(动词) ★★★★
戴

mostrar
(动词) ★★★★
展示

el descuento
(名词) ★★★★
打折

recomendar
(动词) ★★★★
推荐

la recomendación
(名词) ★★★★
推荐的品项

muéstrame
(祈使句) ★★★★
给我看

seleccionar
(动词) ★★★★
选择

encajar
(动词) ★★★★
合适；相称

comprar
(动词) ★★★★
购买

vender
(动词) ★★★★
卖

pagar
(动词) ★★★★
付钱

devolver
(动词) ★★★★
退货

工具

el peine
(名词) ★★★★
梳子

el secador de pelo
(词语) ★★★★
吹风机

las tijeras
(名词) ★★★★
剪刀

el spray para pelo
(词语) ★★★
定型液

el gel para pelo
(词语) ★★★
发胶

Capítulo 4 衣服

状况 01 帽子

发型
搭配帽子的发型

el peinado
(名词)
发型

la trenza
(名词)
辫子

el moño
(名词)
发髻

el cabello largo
(词语)
长发

el cabello corto
(词语)
短发

la coleta
(名词)
马尾

el cabello lacio
(词语)
直发

el cabello rizado
(词语)
卷发

el corte militar plano
(词语)
小平头

pelado (阳性) **pelada** (阴性)
(形容词)
秃头的

el flequillo
(名词)
刘海

词汇
发型整理

cortar
(动词)
剪

recortar
(动词)
修剪

la permanente
(名词)
烫发

teñir
(动词)
染发

el reflejo
(名词)
挑染

el alisado
(名词)
烫直

临时需要用到的一段对话

询问卖场所在

A: Disculpa, ¿me puedes decir dónde está el departamento de los utensilios de cocina?
不好意思,可以告诉我厨房用品的卖场在哪里吗?

B: No hay problema, está en el tercer piso, en la esquina a mano izquierda.
当然,在三楼,左手边的角落。

A: Muchas gracias.
非常感谢。

B: De nada.
不客气。

补充句型

西 ▶ ¿Dónde está 地点 ?

中 ▶ 地点 在哪里?

- ¿Sabes dónde está el hospital?
你知道医院在哪儿吗?

- ¿Mi oficina está en esa dirección?(配合手指方向)
我的办公室在那个方向吗?

- ¿Cómo puedo llegar a tu casa?
要怎么去你家?

Capítulo 4 衣服

状况 01 帽子

临时需要用到的一段对话

选购帽子

A: Discúlpame, ¿puedo echar un vistazo a ese sombrero de punto que está en la parte superior?
不好意思,请把上层那顶针织帽给我看看好吗?

B: Por supuesto, aquílo tienes. Te queda bien.
当然,给你。你戴起来很好看。

A: Gracias, ¿cuánto cuesta?
谢谢,多少钱呢?

B: Está a 200 euros. Te puedo dar un descuento si pagas en efectivo.
两百欧元,如果你付现金的话,我可以给您折扣。

A: Es una lástima que se pase un poco de mi presupuesto. Déjame pensarlo un poco.
真糟糕,有点超过我的预算了。我再想一下吧。

B: No hay problema.
没问题。

西 ¿Puedo echar un vistazo a 东西 ?
中 我可以看那个 东西 吗?

状况 02
上衣

种类

各种常见的上衣

la blusa
(名词) ★★★
女性衬衫

la camiseta
(名词) ★★★
汗衫

el top
(名词) ★★★
露背背心

el vestido
(名词) ★★★
单件式衣服

la remera
(名词) ★★★★
T 恤

sin tirantes
(形容词/词语)
无肩带

el suéter
(名词) ★★★★
毛衣

la prenda de tejido
(词语) ★★★★
针织衫

la prenda con capucha
(词语) ★★★★
连帽衫

el cárdigan
(名词) ★★★★
胸前开扣羊毛衫

el vestido
(名词) ★★★★
西装,外衣

el chaleco
(名词) ★★★★
背心

la campera de rompevientos
(词语) ★★★
防风短外套

**el pulóver /
el jersey** (毛衣)
(名词) ★★★
套头衣服

la prenda de cuello alto
(词语) ★★★
高领上衣

la prenda con cuello de pico
(词语) ★★★
V 领上衣

la camisa
(名词) ★★★★
衬衫

Capítulo 4 衣服

状况 02 上衣

种类

各种常见的外套

el abrigo
(名词)
长外套；长大衣

la chaqueta
(名词)
夹克

el blázer
(名词)
女性西装外套

la cazadora
(词语)
风衣

la chaqueta de cuero
(词语)
皮夹克

la campera de pluma
(词语)
羽绒外套

el abrigo de doble botón
(词语)
双排扣大衣

el abrigo con capucha
(词语)
有帽外套

el impermeable
(词语)
雨衣

la campera para la nieve
(词语)
雪地衣

la campera
(名词)
短外套；短大衣

el poncho
(名词)
披风

la chaquetita
(名词)
开襟外套

la campera ligera
(词语)
轻便外套

la chaqueta militar
(名词)
军用夹克

el saco / la chaqueta
(名词)
西装大衣外套

la prenda con capucha
(名词)
连帽斗篷

临时需要用到的一个词 **西语关键词6000**

状况 02
上衣

种类
常见的上衣衬衫

la camisa
(名词)
衬衫 ★★★★

la blusa
(名词)
女用衬衫 ★★★★

el vestido camisero
(词语)
衬衫式连衣裙 ★★★★

la camisa de vestir
(词语)
礼服衬衫 ★★

el traje
(词语)
两件式套装

地点
可以买上衣的地方

el centro comercial
(词语)
百货公司 ★★★★

la boutique
(名词)
精品店 ★★★

el supermercado
(名词)
大卖场 ★★★★

la tienda libre de impuestos
(词语)
免税店 ★★★★

la compra en línea
(词语)
网购 ★★★★

la compra por TV
(词语)
电视购物 ★★★

词汇
买上衣会注意到的事情

el estilo
(名词)
样式 ★★★★

la tendencia
(名词)
流行趋势 ★★★

la talla
(名词)
尺寸 ★★★★

la tela
(名词)
布料 ★★★★

la calidad
(名词)
品质 ★★★★

el corte
(名词)
剪裁 ★★★★

el color
(名词)
颜色 ★★★★

Capítulo 4 衣服

状况 02 上衣

词汇

和上衣有关的其他词汇

estampado (阳性)
estampada (阴性)
(形容词)
有花色的

el gusto
(名词)
品味

el escote cuadrado
(词语)
方领

el escote en forma de pico
(词语)
V 领

la franja
(名词)
流苏

el escote alto
(词语)
高领

asimétrico (阳性)
asimétrica (阴性)
(形容词)
不对称的

con espalda abierta
(词语)
露背的

el cuello de una prenda
(词语)
领子

el escote redondo
(词语)
圆领

el tul
(名词)
薄纱

la gasa
(名词)
雪纺,纱

el encaje
(名词)
蕾丝

la figura
(名词)
身材

modificar
(动词)
修改

personalizar
(动词)
客制；订做

el probador
(名词)
试衣间

el accesorio
(名词)
配件

achicar / encoger
(动词)
缩水

状况 02
上衣

配件

会搭配上衣使用的配件

la bufanda
(名词)
围巾 ★★★★

el chal
(名词)
披肩 ★★★

la corbata
(名词)
领巾 ★★★

el anillo
(名词)
戒指 ★★★★

el colgante
(名词)
项链坠子 ★★★★

la pulsera
(名词)
手环 ★★★★

el broche
(名词)
胸针；别针 ★★★★

el monedero
(名词)
钱包 ★★★★

la cartera de fiesta
(词语)
晚宴包 ★★★★

el bolso
(名词)
手提包 ★★★★

la pinza
(名词)
夹子、胸针 ★★★★

el collar
(名词)
项链 ★★★★

los gemelos
(名词)
袖扣 ★★★★

el alfiler de corbata
(词语)
领带夹 ★★★★

la corbata
(名词)
领带 ★★★★

la corbata de moño
(词语)
领结 ★★★★

el cuello de una prenda
(词语)
领子 ★★★★

los aritos / los pendientes
(名词)
耳环 ★★★★

Capítulo 4 衣服

状况 02 上衣

动作
买上衣会做到的动作

probarse (动词)
试穿

ponerse (动词)
穿上

colgar (动词)
挂上（衣架）

negociar (动词)
议价

comprar (动词)
买

consumir (动词)
消费

mirar (动词)
看看

preguntar (动词)
询问

guardar (动词)
保留

seleccionar (动词)
选择

devolver (动词)
退款

retornar (动词)
退货

cambiar (动词)
换货

形容
和上衣有关的形容词

un poquito (副词)
稍微

parecer (动词)
似乎；好像

similar (形容词)
好像

una buena compra (词语)
划算的交易

agotado (阳性) **agotada** (阴性) (形容词)
无存货

la garantía (名词)
保固

la variedad (名词)
多样

临时需要用到的**一段对话**

询问衣服尺寸

A: Estos vaqueros me están demasiado pequeños. ¿Podrías darme unos más grandes?
这件牛仔裤太小了,有没有再大一点尺寸的?

B: Claro, un minuto. Estos son de una talla más grande.
有的,请稍候。这是大一号的。

A: Mucho mejor. Me los llevaré entonces.
好多了,那么我要拿这件。

B: No hay problema, ¿necesitas algo más?
好的,还需要其他的吗?

A: Me gustaría encontrar una remera a juego.
我想找一件可以搭配的T恤。

B: ¿Necesitas algún estilo específico?
有特别想要的什么样式吗?

补充句型

 ¿Tienes la talla + 号码 ?
 有没有几号 尺寸 的呢?

Capítulo 4 衣服

状况 02 上衣

临时需要用到的一个句型

西 ▶ Por favor, siéntase libre de... / no dude en...
中 ▶ 请不要客气（拘束）做某事

- Por favor, siéntase libre de dejarme saber si tiene alguna pregunta.
  如果有任何问题，请不要客气，让我知道。
- Por favor, siéntase libre de mirar alrededor.
  请不要拘束，到处看看。
- No dudes en probarlo en caso de que te guste.
  如果你想要的话，请尽量试穿。

临时需要的生活短语

- Un tamaño más pequeño 小一号的尺寸
- Un tamaño más grande 大一号的尺寸
- ¿Dónde está el probador? 试衣间在哪里呢？
- ¿Me lo puedo probar? 我可以试穿吗？
- Echo un vistazo. 我随便看看。
- Estoy buscando un vestido largo. 我在找一件长款衣服。

状况 03
裤子与裙子

种类
短裤的种类

los pantalones cortos
(词语)
短裤 ★★★★

los pantalones largos
(词语)
长裤 ★★★★

el short
(名词)
热裤 ★★★★

la faldapantalón
(名词)
裤裙 ★★

los pantalones tipo capri
(名词)
七分裤 ★★★

los pantalones de pitillo
(词语)
九分裤 ★★★

种类
按照材质分的裤子

los pantalones vaqueros
(词语)
牛仔裤 ★★★★

el algodón
(名词)
棉质 ★★★★

el legging
(名词)
内搭裤 ★★★★

los pantalones deportivos de algodón
(词语)
棉质运动裤 ★★★

los pantalones de caqui
(词语)
卡其裤 ★★★

los leotardos
(名词)
裤袜 ★★★★

种类
按照功能分的裤子

los pantalones formales
(词语)
正式长裤 ★★★

los pantalones de palazzo
(词语)
宽大长裤 ★★★

los pantalones tipo overol de trabajo
(词语)
连身工作裤 ★★★

los pantalones tipo vaqueros de maternidad
(词语)
孕妇牛仔裤 ★★★★

el conjunto de deporte
(词语)
运动装,运动套装 ★★★★

Capítulo 4 衣服

状况 03 裤子与裙子

种类

常见的裤子

los pantalones de tubo
(词语)
靴型裤

los pantalones deportivos
(词语)
运动裤

los pantalones de campana
(词语)
喇叭裤

los pantalones de yoga
(词语)
瑜伽裤

los pantalones rectos
(词语)
直筒裤

los pantalones overoles
(词语)
连身服

los pantalones con dobladillos
(词语)
反摺裤

los pantalones de bermuda
(词语)
五分裤

los pantalones de jardinero
(词语)
背带裤

el calzoncillo
(名词)
男士内裤

los pantalones de natación
(词语)
泳裤（四角）

词汇

裤子的造型设计

el diseño
(名词)
设计

la tela
(名词)
布料

el deporte
(名词)
运动

la tela elástica
(词语)
弹性布料

el cierre / la cremallera
(名语)
拉链

la sustentación de curva nalga
(词语)
提臀

状况 03
裤子与裙子

种类

常见的裙子种类

la falda
(名词)
裙子

la falda de campana
(词语)
圆裙

la minifalda
(名词)
迷你裙

la falda de línea A
(词语)
A字裙

la faldapantalón
(名词)
裤裙

el vestido largo
(词语)
长连衣裙

la falda con pliegues
(词语)
百褶裙

la falda lápiz
(词语)
铅笔裙

la falda recta
(词语)
窄裙

el vestido chino tradicional de mujer
(词语)
中式传统女性服装

el vestido de noche
(词语)
晚礼服

el vestido de novia
(词语)
新娘礼服

el vestido sin mangas
(词语)
背心裙

el vestido sin tirantes
(词语)
无肩带连衣裙

el vestido strapless
(词语)
露肩连衣裙

Capítulo 4 衣服

状况 03 裤子与裙子

花样

常见的花样

estampado (阳性)
estampada (阴性)
(形容词)
图样的

floral
(形容词)
碎花的

cuadriculado (阳性)
cuadriculada (阴性)
(形容词)
方格的

cruzado (阳性)
cruzada (阴性)
(形容词)
斜纹的

rayado (阳性)
rayada (阴性)
(形容词)
条纹的

lavado con agua
(词语)
被水洗的

liso (阳性)
lisa (阴性)
(形容词)
素面的

la puntilla
(名词)
圆点

escocés
(形容词)
格子的（苏格兰格纹）

de diamante
(词语)
菱形的

de corazón
(词语)
心型的

词汇

其他相关的词汇

la parte baja
(词语)
下半身

en forma
(词语)
合身的

apretado (阳性)
apretada (阴性)
(形容词)
紧身的

flojo (阳性)
floja (阴性)
(形容词)
宽松的

la liquidación
(名词)
清仓特卖商品

la edición limitada
(词语)
限定商品

临时需要用到的一个词 **西语关键词6000**

状况 03
裤子与裙子

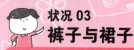

词汇
购买时有关的词汇

esta temporada (词语)
当季 ★★★★

fuera de moda (词语)
过时 ★★★

la temporada pasada (词语)
上一季 ★★★★

el probador (名词)
试衣间 ★★★★

casual (形容词)
休闲的 ★★★★

acortar (动词)
改短 ★★★★

probar (动词)
试穿 ★★★★

agrandar (动词)
大一点 ★★★★

acortar / achicar (动词)
小一点 ★★★★

la oferta (名词)
特价 ★★★★

pagar (动词)
付钱 ★★★★

la tarjeta de crédito (词语)
信用卡 ★★★★

el efectivo (名词)
现金 ★★★★

词汇
和形容有关的词汇

moderno (阳性) **moderna** (阴性) (形容词)
时尚的 ★★★

con estilo (词语)
有风格的 ★★★

de buen gusto (词语)
有品味的 ★★★

lindo (阳性) **linda** (阴性) (形容词)
好看的 ★★★

vulgar (形容词)
低俗的 ★★★★

de gama alta (词语)
高档的 ★★★

Capítulo 4 衣服

状况 03 裤子与裙子

词汇

其他有关的词汇

multicolor (形容词)
色彩丰富的

la pieza (名词)
件

la cintura (名词)
腰围

la longitud (名词)
长度

el precio (名词)
价钱

形容

和形容相关的词汇

fino (阳性)
fina (阴性)
(形容词)
制作精美的

lindo (阳性)
linda (阴性)
(形容词)
好看的

sorprendido (阳性)
sorprendida (阴性)
(形容词)
惊喜的；惊讶的

de calidad inferior (词语)
差劲的

cursi (形容词)
低俗的

común (形容词)
很普通的

normal (形容词)
平凡的

único (阳性)
única (阴性)
(形容词)
与众不同的

estupendo (阳性)
estupenda (阴性)
(形容词)
极好的

adecuado (阳性)
adecuada (阴性)
(形容词)
适合的

necesario (阳性)
necesaria (阴性)
(形容词)
必需的

临时需要用到的**一段对话**

询问意见

A: Estoy buscando un suéter de cachemir. ¿Sabes dónde puedo conseguir uno?
我想买喀什米尔羊毛的毛衣,你知道哪里有吗?

B: Vamos a ver en Uniqlo.
那我们去优衣库看看吧。

A: Buena idea, ¿hay alguna por aquí?
好主意,这附近有吗?

B: Hay una en Sogo. Queda a la dis tancia de una estación Si tomamos metro.
我知道有一间在崇光百货,坐地铁一站就到了。

补充句型

西 ▶ Estoy buscando 东西 .

中 ▶ 想买 / 想找 东西 。

西 ▶ ¿Acepta el efectivo / la tarjeta de crédito / el cheque de viaje?

中 ▶ 接受现金 / 信用卡 / 旅行支票吗?

Capítulo 4 衣服

状况 03 裤子与裙子

临时需要用到的一段对话

询问裤子的花样

A: Disculpa. ¿Es esta la última moda?
对不起,请问这是最流行的款式吗?

B: Sí, la es. Esta es nuestra mejor venta.
对,这款我们卖得很好。

A: Ya veo. ¿Viene en otros colores?
这样啊,请问有其他颜色的吗?

B: Había, pero este es el único color que tenemos en stock.
有的,但这是我们唯一有库存的颜色了。

A: Me llevaré este entonces, por favor.
那就麻烦你,我要买这件。

A: Está bien. ¿Pagas con tarjeta de crédito o en efectivo?
好的。要付现还是刷卡呢?

B: En efectivo. ¡Gracias!
付现,谢谢!

补充句型

西 ► ¿Viene en otro tamaño / diseño / color?
¿Tiene otro tamaño / diseño / color?

中 ► 有没有其他的 尺寸 / 花样 / 颜色 呢?

状况 04
鞋子

种类

女生穿的鞋子

los zapatos de dama
(词语)
女鞋

los zapatos
(名词)
皮鞋

las sandalias
(名词)
凉鞋

los zapatos de punta abierta
(词语)
露趾鞋

las sandalias con tacón
(词语)
高跟凉鞋

los zapatos de tacón
(名词)
高跟鞋

los zapatos de Peep toe
(词语)
鱼嘴鞋

los zapatos planos
(词语)
平底鞋

los zapatos de tacón de aguja
(词语)
细跟鞋

los zapatos de tacón ancho
(词语)
粗跟鞋

los zapatos de tacón cuña
(词语)
楔形鞋

las chancletas
(名词)
拖鞋

las botas
(名词)
靴子

las botas mostequeras
(词语)
过膝靴

las botas militares
(词语)
军靴

las botas de caña corta
(词语)
短靴

los botines
(名词)
踝靴

las botas de goma
(词语)
雨靴

Capítulo 4 衣服

状况 04 鞋子

种类

运动时穿的鞋子

las zapatillas
(名词)
运动鞋

las zapatillas de caña alta
(词语)
高筒运动鞋

las zapatillas de baloncesto
(词语)
篮球鞋

las zapatillas para entrenar
(词语)
训练鞋（较专业）

las aletas
(名词)
蛙鞋

los zapatos de golf
(词语)
高尔夫球鞋

las zapatillas de baile
(名词)
舞鞋

los patines
(名词)
溜冰鞋

los botines deportivos
(词语)
钉鞋

las zapatillas de tenis
(词语)
网球鞋

los zapatos de skate
(词语)
滑板鞋

las zapatillas de trekking
(词语)
登山鞋

las zapatillas para correr
(词语)
跑步鞋

los patines de fila / línea
(词语)
直排轮鞋

las botas de esquí
(词语)
雪地靴

las zapatillas de hockey
(词语)
曲棍球鞋

状况 04
鞋子

种类
其他常见的鞋子种类有哪些

las pantuflas
(名词)
室内拖鞋 ★★★★

los zapatos de Oxford
(词语)
牛津鞋 ★★★

los zapatos de loafer
(词语)
乐福鞋 ★★★

las zapatillas de ballet
(名词)
芭蕾舞鞋 ★★★

los zapatos de mules
(词语)
懒人鞋 ★★

los zapatos de slippers
(词语)
便鞋 ★★

los zuecos japoneses
(词语)
日式木屐 ★★

los zapatos con suela de goma
(词语)
有橡胶鞋底的鞋 ★★★

los zapatos planos
(词语)
平底鞋 ★★★★

los zuecos
(名词)
木鞋 ★★

las sandalias deportivas
(词语)
运动凉鞋 ★★★

形容
和鞋子相关的形容词

de cuero
(词语)
真皮的 ★★★

de becerro
(词语)
小牛皮的 ★★★

de cabritilla
(词语)
小羊皮的 ★★

de gamuza
(词语)
麂皮的 ★★

impermeable
(形容词)
防潮的 ★★★★

resistente al agua
(词语)
防水的 ★★★

antideslizante
(形容词)
防滑的 ★★★★

Capítulo 4 衣服
状况 04 鞋子

动作
和鞋子相关的动作

ponerse (动词) ★★★★
穿

pisar (动词) ★★★★
踩

desgastar (动词) ★★
磨

aflojar (动词) ★★★★
松脱

atar (动词) ★★★
绑(鞋带)

sacar (动词) ★★★★
脱下

limpiar (los zapatos) (动词) ★★★★
擦(鞋)

词汇
和鞋子有关的词汇

par (名词) ★★★★
双

los calcetines (名词) ★★★★
袜子

el tacón (名词) ★★★★
鞋跟

la talla (名词) ★★★★
尺寸

la suela (名词) ★★★★
鞋底

el calzador de zapato (词语) ★★★★
鞋拔子

el cordón (名词) ★★★★
鞋带

词汇
与脚相关的词汇

el olor de pies (词语) ★★★★
脚臭

el callo (名词) ★★★
厚茧

la ampolla (名词) ★★★★
水泡

los pies planos (词语) ★★★
扁平足

el talón (名词) ★★★★
脚跟

desgastar (动词) ★★
磨脚

los pies hongosos (词语) ★★★★
香港脚

271

临时需要用到的**一段对话**

买鞋子

A: ¿Has ido a la tienda de zapatos que está a la vuelta de esquina?
你有去过转角的鞋店吗?

B: Sí, un par de veces. Venden zapatos hechos a mano.
有啊,去过几次,她们卖手工鞋。

A: ¿Cómo es la calidad? ¿Son caros?
品质如何呢? 会不会很贵?

B: Bueno, son bastante caros pero creo que la calidad vale la pena.
非常贵,但我想品质是值得的。

A: Tengo un presupuesto muy limitado.
我的预算很紧。

B: ZARA está en liquidación. Vamos a ver.
Zara 在特价,我们去看看吧。

西 ▶ **En oferta.**

中 ▶ 打折中。/ 特卖会。

Capítulo 4 衣服

状况 04 鞋子

 临时需要用到的一个句型

西 ▶ ¿Has ido a 地点?
中 ▶ 你去过 地点 吗?

- ¿Has ido a Italia alguna vez?
  你去过意大利吗?

西 ▶ ¿Fuiste a 地点?
中 ▶ 你（刚刚）去 地点 吗?

- ¿Fuiste a la escuela?
  你去学校了吗?

西 ▶ ¿Podrías llevarme a 地点?
中 ▶ 请你带我去 地点 好吗?

- ¿Podrías llevarme a la fiesta?
  请带我去派对好吗?

西 ▶ ¿Me podrías llevar en auto a 地点?
中 ▶ 可以请你开车送我去 地点 吗?

- ¿Me podrías llevar en auto a la facultad?
  可以请你开车载我去系里吗?

临时需要用到的一个句型

西 ▶ **Parece como + 名词/从句**
Se ve + 形容词

中 ▶ 看起来……

- Parece como una bufanda.
  看起来像是一条围巾。

- Parecen como unos aritos.
  看起来像是耳环。

- Parece como si ella fuera de compras.
  看起来,她要去血拼了。

- Se ve cómodo / a.
  看起来很舒服。

- Se ve delicioso / a.
  看起来很可口。

- Se ve caro / a.
  看起来很贵。

临时需要的生活短语

- ¿Vende botas de lluvia?
  您卖雨鞋吗?

- ¿Me lo puedo probar?
  我可以试穿吗?

- ¿Este par de zapatos también está en oferta?
  这双鞋也是特价吗?

Capítulo 5
交通

01 | 开车
02 | 骑车
03 | 公交车与出租车
04 | 飞机
05 | 火车
06 | 地铁
07 | 高铁
08 | 交通状况

临时需要用到的一个词 **西语关键词6000**

状况 01
开车

种类
车子的种类

el coche
(名词)
汽车 ★★★★

el vehículo
(名词)
车辆 ★★★★

el auto
(名词)
轿车 ★★★★

el vehículo deportivo utilitario
(词语)
休闲旅(行)车 ★★★★

la furgoneta
(名词)
旅行车 ★★★

el camión
(名词)
卡车 ★★★★

el vehículo deportivo
(词语)
跑车 ★★★★

el cupé
(名词)
双门跑车 ★★★

el convertible
(名词)
敞篷车 ★★★

el vehículo híbrido
(词语)
油电混合车 ★★★★

el auto usado
(词语)
中古车 ★★★★

el camión de remolque
(词语)
拖吊车 ★★★★

人物
开车会看到的人物

el conductor
(阳性)
la conductora
(阴性)
(名词)
驾驶者 ★★★★

el pasajero
(阳性)
la pasajera
(阴性)
(名词)
乘客 ★★★★

el peatón
(名词)
行人 ★★★★

el policía de tráfico (阳性)
la policía de tráfico (阴性)
(词语)
交通警察 ★★★

Capítulo 5 交通

状况 01 开车

配备

在车上会看到的配备

el asiento del conductor
(词语)
驾驶座

el asiento de pasajero delantero
(词语)
副驾驶座

el asiento
(名词)
座位

el volante
(名词)
方向盘

el freno
(名词)
刹车

el cinturón de seguridad
(词语)
安全带

el pedal del acelerador
(词语)
油门

la puerta
(名词)
门

la ventana
(名词)
窗户

el capó
(名词)
引擎盖

el parabrisas
(名词)
挡风玻璃

el limpiaparabrisas
(名词)
雨刷

el climatizador
(名词)
空调

el parachoques
(名词)
保险杆

el airbag
(名词)
安全气囊

el navegador GPS
(词语)
导航系统

el chasis
(词语)
底盘系统

el espejo lateral
(词语)
侧视镜

el espejo retrovisor
(词语)
后视镜

临时需要用到的一个词 **西语关键词6000**

状况 01
开车

地点

开车会去的地点

la estación de gasolina / la gasolinera
(词语)
加油站 ★★★★

la intersección vial
(词语)
十字路口 ★★★★

la autopista
(名词)
高速公路 ★★★★

el intercambiador vial
(词语)
交流道 ★★★

la vía rápida
(词语)
快速道路 ★★★

el carril
(名词)
车道 ★★★

el estacionamiento
(名词)
停车场 ★★★★

la carretera gratuita
(词语)
免费道路 ★★★

la carretera de peaje
(词语)
收费道路 ★★★

el autoservicio
(名词)
得来速 ★★★

la cabina de peaje
(词语)
收费站 ★★★

词汇

车子会缴的费用

la gasolina
(名词)
汽油 ★★★

la multa
(名词)
罚单 ★★★★

el peaje
(名词)
过路费 ★★★★

el taxímetro
(名词)
停车计费表 ★★★★

el seguro
(名词)
保险 ★★★

el impuesto
(名词)
税金 ★★★★

la inspección
(名词)
定期检查 ★★★★

278

Capítulo 5 交通

状况 01 开车

词汇
车子会碰到的交通问题

las normas de tráfico
(词语)
交通规则 ★★★★

pasar el semáforo en rojo
(词语)
闯红灯 ★★★★

el exceso de velocidad
(词语)
超速 ★★★★

la multa
(名词)
罚单 ★★★★

conducir ebrio
(词语)
酒驾 ★★★★

ser detenido
(por la policía)
(动词)
被（警察）拦下 ★★★★

交通标志
车子会碰到的交通标志

la señal de tráfico
(词语)
交通标志 ★★★★

la luz roja
(词语)
红灯 ★★★★

la luz verde
(词语)
绿灯 ★★★★

el paso a nivel
(词语)
平交道 ★★★

el cruce de caminos
(词语)
交通交汇处；十字路口 ★★★

el túnel
(名词)
隧道 ★★★

el paso peatonal
(词语)
斑马线 ★★★★

la vereda / la acera
(名词)
人行道 ★★★★

el túnel subterráneo
(词语)
地下道 ★★★

la dirección única
(词语)
单行道 ★★★★

状况 01
开车

词汇

跟车子有关的其他词汇

el combustible
(名词)
燃料
★★★★

la gasolina
(名词)
汽油
★★★★

el diésel
(名词)
柴油
★★★★

el embotellamiento de tráfico
(词语)
堵车
★★★★

el accidente de tráfico
(词语)
车祸
★★★★

atropellar y fugarse
(词语)
肇事逃逸
★★★★

el viaje por carretera
(词语)
公路旅行
★★★

la licencia de conducir
(词语)
驾照
★★★★

la placa
(名词)
车牌
★★★★

el telepeaje
(名词)
电子道路收费系统
★★★★

alquilar el vehículo
(词语)
租车
★★★★

la licencia de conducir internacional
(词语)
国际驾照
★★★★

el cambio manual
(词语)
手排(手动改变)
★★★★

el cambio automático
(词语)
自排
★★★★

alquilar en un lugar y devolver en otro
(词语)
甲地租乙地还
★★★

Capítulo 5 交通

状况 01 开车

动作
跟车子有关的动作

conducir (动词)
驾驶

acelerar (动词)
加速

frenar (动词)
紧急刹车

violar (动词)
违反

cumplir (动词)
遵守

estacionar (动词)
停车

cargar (动词)
充电

llenar (动词)
加满（油）

lavar (动词)
洗车

el freno de mano (词语)
手刹车

chocar (动词)
擦撞

remolcar (动词)
拖吊

mover (动词)
移车

doblar (动词)
回转

形容
和车子有关的形容词

seguro (阳性)
segura (阴性)
(形容词)
安全的

importado (阳性)
importada (阴性)
(形容词)
进口的

modificado (阳性)
modificada (阴性)
(形容词)
改装过的

el automóvil hatchback (词语)
掀背式

peligroso (阳性)
peligrosa (阴性)
(形容词)
危险的

moderno (阳性)
moderna (阴性)
(形容词)
时髦的

临时需要用到的一段对话

邀约出游

A: ¿He mencionado que me compré un coche nuevo el mes pasado? ¿Estás preparado para un paseo conmigo?
我提过我上个月买了新车吗？你准备好一起去兜风了吗？

B: Por supuesto, ¿Para cuándo?
当然好啊！什么时候？

A: Bueno, ¿mañana te va bien? Te recogeré a las 8.
明天好吗？我明天早上八点来接你。

B: Las 8 será un poco temprano, ¿qué te parece a las 9? ¿A dónde iremos?
八点有点太早了，九点怎么样？那我们要去哪里？

A: ¿Tienes algo en mente? Adonde desees ir.
有想要去的地方吗？你想去哪儿都可以。

B: Hace mucho tiempo que no voy a la playa. ¿Qué te parece a la Costa de Marbella?
我很久没去海边了，你觉得去马贝拉海岸如何呢？

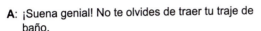

Capítulo 5 交通

状况 01 开车

A: ¡Suena genial! No te olvides de traer tu traje de baño.
听起来很棒！别忘了带你的泳装。

B: Llamamos a Jane y Peter para ver si quieren ir con nosotros.
打个电话给珍和彼得吧，看看他们想不想一起去。

补充句型

西 recoger a alguien 日期 + 时间 + 早上 / 下午 / 晚上 + 地点.

dejar a alguien 日期 + 时间 + 早上 / 下午 / 晚上 + 地点.

中 日期 早上 / 下午 / 晚上 时间 在某地来接某人。

日期 早上 / 下午 / 晚上 在 时间 在某地让某人下车。

状况 02
骑车

种类

机车的种类

la bicicleta
(名词)
自行车 ****

el ciclomotor
(名词)
电动自行车 ****

la bicicleta para damas
(词语)
女式车 **

la bicicleta de montaña
(词语)
越野自行车 **

la bicicleta con manillar de bigote
(词语)
弯把自行车 ****

la bicicleta de piñón fijo
(词语)
单速车 ***

la motocicleta
(名词)
机动车 ****

el scooter
(名词)
轻型摩托车 ***

el scooter eléctrico
(词语)
电动摩托车 ***

la motocicleta todoterreno
(词语)
越野摩托车 ***

la motocicleta Harley
(词语)
哈雷摩托 ****

la motocicleta de cuatro ruedas
(词语)
四轮电动代步车 ***

la vespa
(名词)
韦士柏（品牌） ***

la motocicleta de cross
(词语)
野外竞赛摩托车

Capítulo 5 交通

狀況 02 騎車

費用

机车会缴的费用

el impuesto (名词)
税金

la tarifa de mantenimiento (词语)
维修费

la tarifa de combustible (词语)
燃料费

la tarifa de seguro (词语)
保险费

la tarifa de estacionamiento (词语)
停车费

la multa (名词)
罚金

天气

骑车会碰到的天气

el clima (名词)
天气

el día soleado (词语)
晴天

el día lluvioso (词语)
雨天

caluroso (阳性)
calurosa (阴性)
(形容词)
热的

frío (阳性)
fría (阴性)
(形容词)
冷的

el día nevado (词语)
下雪天

de niebla (词语)
有雾的

人物

骑车会碰到的人物

el policía (阳性)
la policía (阴性)
(名词)
警察

el peatón (名词)
行人

de mayor edad (词语)
年长的

la banda de motoristas (词语)
飙车族

状况 02
骑车

词汇
取得机车驾照要注意的事情

la licencia de conducir
(词语) ★★★★
驾照

la autoescuela
(名词) ★★★★
驾训班

la prueba en carretera
(词语) ★★★
路考

la licencia de conducir internacional
(词语) ★★★★
国际驾照

la norma
(名词) ★★★★
规则

apropiar
(动词) ★★★
使适应、使符合

配备
机车的配备

el embrague
(名词) ★★★★
离合器

el cambio de marchas
(词语) ★★★★
换挡

el motor
(名词) ★★★★
引擎

el freno
(名词) ★★★★
刹车

el airbag de motocicleta
(词语) ★★★
机车用的安全气囊

la canasta de motocicleta
(词语) ★★★
机车置物篮

地点
骑车会遇到的地点

la dirección única
(词语) ★★★★
单行道

la vía exprés
(词语) ★★★★
一般快速道路

la vereda / la acera
(名词) ★★★★
人行道

la zona peatonal
(词语) ★★★★
行人徒步区

el paso de peatones / el paso de cebra
(词语) ★★★★
斑马线

Capítulo 5 交通

状况 02 骑车

意外

骑车会碰到的意外

el accidente de tráfico
(词语)
车祸

el robo
(名词)
遭窃

el pinchazo
(名词)
爆胎

el resbalón
(名词)
打滑

la filtración
(de aceite)
(名词)
漏 (油)

el mal funcionamiento
(词语)
故障

la raspadura / el corte
(名词)
擦伤 / 割伤

la fractura
(名词)
骨折

la torcedura
(名词)
扭伤

la redada
(名词)
包抄、兜捕 (通缉)

el control policial
(名词)
临检 (一般)

形容

骑车会用到的形容词

conveniente
(形容词)
方便的

estrecho (阳性)
estrecha (阴性)
(形容词)
狭窄的

amplio (阳性)
amplia (阴性)
(形容词)
宽阔的

congelado (阳性)
congelada (阴性)
(形容词)
酷寒的

ventoso (阳性)
ventosa (阴性)
(形容词)
风大的

barato (阳性)
barata (阴性)
(形容词)
便宜的

状况 02
骑车

动作

骑车会做的动作

montar
(动词)
骑 ★★★★

parar
(动词)
停车 ★★★★

detenerse
(动词)
停下车 ★★★★

girar
(动词)
转弯 ★★★★

llevar
(动词)
载 ★★★★

caer
(动词)
掉落 ★★★★

encender
(动词)
发动 ★★★★

el cambio de marchas
(词语)
换挡 ★★★★

sobre la rueda delantera
(词语)
靠机车后轮（站立）★★

el timbre de bicicleta
(词语)
自行车铃 ★★★★

frenar
(动词)
刹车 ★★★★

sobre la rueda trasera
(词语)
前轮高举靠后轮平衡（的摩托车特技）★★

ponerse (el casco)
(动词)
戴（安全帽）★★★★

caer la cadena
(词语)
落链 ★★★★

deslizar
(动词)
滑倒 ★★★

patinar
(动词)
打滑 ★★★

cambiar
(动词)
换 ★★★★

Capítulo 5 交通

状况 02 骑车

词汇

骑车还会用到的词汇

el acelerador
(名词)
油门

el casco
(名词)
安全帽

la cilindrada
(词语)
排气量

el equipaje
(名词)
行李

el asiento de seguridad para niños
(词语)
自行车儿童安全座椅

tembloroso (阳性)
temblorosa (阴性)
(形容词)
路面摇晃颠簸的

resbaladizo (阳性)
resbaladiza (阴性)
(形容词)
滑的

el aceite de motor
(词语)
机油

el baúl
(la motocicleta)
(名词)
(机车)置物箱

la cadena de la bicicleta
(词语)
自行车链

el cojín
(名词)
坐垫

el giro en U
(词语)
回转

el impermeable
(名词)
雨衣

el paraguas
(名词)
雨伞

el reflector
(名词)
反光片

el portabotellas
(名词)
水壶架

el estante
(名词)
货架

临时需要用到的**一个句型**

西 ▶ **fácil de...**
中 ▶ 易于……

- Fácil de escurrir. 易拧干。
- Fácil de caer. 易跌倒。
- Fácil de caminar. 易于行走。
- Fácil de hacer. 好办。
- Fácil de manejar. 易于操控。
- Fácil de limpiar. 易于清理。

临时需要的生活短语

- La gasolina se está escapando.
  在漏油。
- Frenar el auto.
  刹车。
- Cargar los equipajes.
  装载行李。
- Detener la bicicleta.
  停自行车。
- Una bicicleta plegable.
  一辆折叠自行车。

Capítulo 5 交通

状况 02 骑车

临时需要用到的一个句型

西 ▶ **pasar + (a + 人)**
中 ▶ （某人）发生了……事（此处的 a 当作介词用）

- Pasó algo malo.
  有坏事发生了。
- Ella no podía creer que aquello le estuviera pasando.
  她不敢相信这种事发生在她身上。

西 ▶ **por casualidad**
中 ▶ 碰巧

- ¿No es por casualidad que sabes la respuesta?
  你不会刚好知道答案吧？
- ¿Por casualidad sabes dónde está Karen?
  你刚好知道海伦在哪吗？

临时需要的生活短语

- Mi motocicleta fue retirada por la grúa. 我的摩托被拖走了。
- Ocurrió un accidente de tráfico. 发生一起车祸。
- Cayó la motocicleta. 摩托倒了。
- Arrancar el motor. 发动引擎。
- Controlar el embrague. 控制离合器。

临时需要用到的一个词 西语关键词6000

状况 03
公交车与出租车

种类

公交车的种类

el colectivo / el autobús (名词)
公交车
★★★★

el autobús turístico (词语)
旅游巴士；游览车
★★★★

el autobús de doble piso (词语)
双层巴士
★★★

el tranvía (名词)
有轨电车
★★★

el trolebús (名词)
无轨电车
★★★

el autobús de trasbordo (词语)
接驳车
★★★★

el autobús de aeropuerto (词语)
机场巴士
★★★★

la limusina (名词)
加长型巴士
★★

el autobús de larga distancia (词语)
长途巴士
★★★

el autobús nocturno (词语)
夜间巴士
★★★

词汇

公交车上会有的词汇

el asiento (名词)
座位
★★★★

el pasillo (名词)
走道
★★★

el asiento libre (词语)
空位
★★★

el asiento de prioridad (词语)
博爱座
★★★★

la manija de autobús (名词)
手拉环
★★★★

la barra (名词)
拉杆
★★★

292

Capítulo 5 交通

状况 03 公交车与出租车

词汇

搭乘公交车会注意到的东西

la estación de autobús
(名词)
巴士站

la parada
(名词)
车站；站牌

parar
(动词)
停靠

la terminal
(名词)
总站

el destino
(名词)
目的地

el transbordo
(名词)
转乘

la información de conexión
(词语)
接驳资讯

el rumbo
(名词)
路线

el horario
(名词)
时刻表

el retraso
(名词)
误点

el mapa
(名词)
地图

el guía (阳性)
la guía (阴性)
(名词)
导游

el carril de autobús
(词语)
公交车用道

la parada terminal
(词语)
终点站

el autobús de primera salida
(词语)
首班车

el autobús de última salida
(词语)
末班车

subir
(动词)
上车

bajar
(动词)
下车

状况 03
公交车与出租车

形容
搭乘公交车会用到的形容词

cómodo (阳性)
cómoda (阴性)
(形容词) ★★★★
舒服的;舒适的

directo (阳性)
directa (阴性)
(形容词) ★★★★
直达的

conveniente
(形容词) ★★★★
方便的

rápido (阳性)
rápida (阴性)
(形容词) ★★★★
快速的

barato (阳性)
barata (阴性)
(形容词) ★★★★
便宜的

mareado (阳性)
mareada (阴性)
(形容词) ★★★★
晕(车)的

动作
搭乘公交车会做到的动作

tomar
(动词) ★★★★
搭乘

transferir
(动词) ★★★★
接驳

agarrar (la manija)
(动词) ★★★★
抓住(吊环)

apoyar (la puerta)
(动词) ★★★★
靠(车门)

intercambiar
(动词) ★★★★
转乘

tocar (el timble)
(动词) ★★★★
按(下车铃)

partir
(动词) ★★★★
出发

buscar
(动词) ★★★★
寻找

perder
(动词) ★★★★
错过

chocar
(动词) ★★★★
碰撞

ceder el asiento
(词语) ★★★★
让座

equilibrar
(动词) ★★★
平衡

Capítulo 5 交通

状况 03 公交车与出租车

词汇

搭乘出租车时会用到的方向指引词汇

la dirección
(名词)
住址

la derecha
(名词)
右

el destino
(名词)
目的地

la izquierda
(名词)
左

el mapa
(名词)
地图

el lado derecho
(词语)
右边

el turismo
(名词)
旅游

el lado izquierdo
(词语)
左边

la esquina
(名词)
转角

la construcción
(名词)
建筑物

la intersección vial
(词语)
十字路口

la bocacalle
(名词)
街口

alrededor
(副词)
附近

seguir caminando hasta...
(词语)
直走

动作

指引出租车方向时的动作

girar
(动词)
转弯

la próxima boca calle
(词语)
下个路口

seguir
(动词)
跟着

por aquí
(词语)
往这边

detener
(动词)
靠边停

acelerar
(动词)
加速

295

临时需要用到的一个词 **西语关键词6000**

状况 03
公交车与出租车

词汇	词汇	形容
和搭出租车相关的金钱？	搭出租车还会看到的东西	搭出租车会用到的形容词

la tarifa (名词)
费用 ★★★★

el taxi (名词)
出租车 ★★★★

rápido (阳性)
rápida (阴性)
(形容词)
迅速的 ★★★★

el taxista (阳性)
la taxista (阴性)
(名词)
出租车司机 ★★★★

lento (阳性)
lenta (阴性)
(形容词)
慢慢的 ★★★★

quedarse el cambio (词语)
不用找 ★★

honesto (阳性)
honesta (阴性)
(形容词)
诚实的 ★★★★

el cambio (名词)
零钱 ★★★★

el taxímetro (名词)
计价表 ★★★★

fraudulento (阳性)
fraudulenta (阴性)
(形容词)
不诚实的 ★★★★

correr (el taxímetro)
(动词)
跳(表)到 ★★★★

la luz verde (词语)
空车灯，绿灯 ★★★★

el peaje (名词)
过路费 ★★★

el permiso de conducir (词语)
司机营业执照 ★★★★

peligroso (阳性)
peligrosa (阴性)
(形容词)
危险的 ★★★★

♪
296

Capítulo 5 交通

状况 03 公交车与出租车

动作

搭乘出租车会做到的动作

llamar (el taxi)
(动词)
招(出租车)

apurar
(动词)
赶时间

abrir (la puerta)
(动词)
打开(门)

congestionar (el tráfico)
(动词)
塞(车)

cerrar (la puerta)
(动词)
关(门)

tomar
(动词)
乘坐

compartir
(动词)
共乘

la tarjeta de crédito
(词语)
信用卡

subir (el taxi)
(动词)
搭(出租车)

quedarse el cambio
(动词)
不用找零

perder
(动词)
迷路

detener
(动词)
停车

encender (el climatizador)
(动词)
开(空调)

estacionar
(动词)
靠边停

apagar (la radio)
(动词)
关掉(广播)

临时需要用到的**一个句型**

搭乘交通工具的说法

西▶ **en + 交通工具**
　　tomar + 交通工具
　　subir a + 交通工具

中▶ 搭乘……交通工具

- Voy a la escuela en autobús.
  我搭公交车去上学。

- Tomo el autobús para ir a la escuela.
  我搭公交车去上学。

- Subo al autobús e iré a la escuela.
  我上了公交车，然后去上学。

- en metro / tren 乘地铁 / 火车
- ir a pie 走路
- en taxi 搭出租车

转乘 / 转车

西▶ **cambiar de... a...**

中▶ 从……换乘……

- Se cambia de metro a autobús.
  他从地铁转乘公交车。

- ¿Debo cambiar de metro en esta estación?
  我该在这站转车吗？

Capítulo 5 交通

状况 03 公交车与出租车

临时需要用到的一个句型

西▶ bajar de + 交通工具
中▶ 下……

- Me bajé del tren demasiado temprano. 我太早下火车了。
- Me bajo en esta estación. 我这一站下车。
- ¿Dónde debo bajar? 我该在哪一站下车？
- Bajé. 我下车了。

＊我到了，还有另一种很常见的说法：Llegué.

西▶ dirigir a...
中▶ 往……

- Este tren se dirigía a Madrid.
  这班车开往马德里方向。

临时需要的生活短语

- Por favor, gira a la derecha en el primer semáforo.
  请在第一个红绿灯的地方右转。
- Por favor, detente en el siguiente semáforo.
  请在下个红绿灯停车。
- Déjame en la estación de tren más cercana.
  让我在最近的车站下车就可以了。
- ¿Necesitas un taxi para ir al aeropuerto?
  你要乘出租车到机场吗？
- Quieres que te lleve al colegio en mi auto?
  你要我送你去学校吗？

状况 04
飞机

种类
飞机的种类

el avión de pasajeros (词语)
客机 ★★★★

el avión de cargo (词语)
货机 ★★★★

el jet (名词)
喷射机 ★★★★

el doble turbopropulsor (词语)
双涡轮螺旋桨机 ★★★

el helicóptero (名词)
直升机 ★★★★

el planeador (名词)
滑翔机 ★★★

人物
飞机上会碰到的机组人员

el tripulante (阳性)
la azafata (阴性) (名词)
空乘人员 ★★★★

el piloto (阳性)
la piloto (阴性) (名词)
飞行员 ★★★★

el comandante (阳性)
la comandante (阴性) (名词)
机长 ★★★★

el copiloto (阳性)
la copiloto (阴性) (名词)
副机长 ★★★★

词汇
飞机上跟座位相关词汇

en ventana (词语)
靠窗 ★★★★

en pasillo (词语)
靠走道 ★★★★

en medio (词语)
中间 ★★★★

adelante (副词)
前面 ★★★★

atrás (副词)
后面 ★★★★

la clase preferente (词语)
商务舱 ★★★★

Capítulo 5 交通

状况 04 飞机

词汇

飞机机票上会有的信息词汇

el número de billete (词语)
机票号码

la terminal (名词)
航站楼

la aerolínea (名词)
航空公司

la partida (名词)
出发地

la fila (名词)
排

el asiento (名词)
座位

la categoría (名词)
搭乘舱级别

la tarjeta de embarque (词语)
登机证

el número de vuelo (词语)
航班号码

la fecha de salida (词语)
出发日

la hora de embarque (词语)
登机时刻

la puerta de embarque (词语)
登机门

el apellido (名词)
姓

la duración (名词)
预计飞行时间

el tiempo estimado de partida (词语)
预定起飞时间

el destino (名词)
抵达地

la hora de llegada (词语)
抵达时刻

el nombre (名词)
名字

la etiqueta de la valija / del equipaje (词语)
行李条码

临时需要用到的一个词 西语关键词6000

状况 04
飞机

词汇
登机时要特别注意携带的物品

el aparato electrónico
(词语)
电子仪器 ★★★★

la computadora portátil
(词语)
笔记本电脑 ★★★★

el teléfono móvil / el celular
(词语 / 名词)
移动电话 ★★★★

el líquido
(名词)
液体 ★★★★

el contrabando
(名词)
违禁品 ★★★★

la cámara digital
(词语)
数码相机 ★★★★

词汇
登机时要完成的手续相关词汇

la valija / el equipaje
(名词)
行李 ★★★★

la maleta
(名词)
手提行李 ★★★★

enviar
(名词)
托运 ★★★★

escanear (el rayo-x)
(动词)
(X光机) 扫描 ★★★

la etiqueta del equipaje
(词语)
行李牌 ★★★

el sobrepeso
(名词)
超重

el registro
(名词)
报到、登记 ★★★

el pasaporte
(名词)
护照 ★★★★

el control de seguridad
(词语)
安检 ★★★★

el embarque
(名词)
登机 ★★★★

el límite de peso
(词语)
重量限制 ★★★★

el límite de tamaño
(词语)
尺寸限制 ★★★★

Capítulo 5 交通

状况 04 飞机

词汇

和航班相关的词汇

el número de vuelo
(词语)
航班编号

el vuelo internacional
(词语)
国际航线

el vuelo nacional
(词语)
国内航线

el vuelo nocturno
(词语)
夜间航班

el exceso de reserva
(词语)
航班超订

词汇

飞机上提供的服务

el menú de avión
(词语)
机内餐点

el menú frutal
(词语)
水果餐

el menú infantil
(词语)
儿童餐

el menú de bebé
(词语)
婴儿餐

el menú vegetariano
(词语)
素食餐点

la bebida
(名词)
饮料

el auricular
(名词)
耳机

el producto libre de impuestos
(词语)
免税品

la manta
(名词)
毯子

el almohadón / la almohada
(名词)
枕头

las pantuflas
(名词)
拖鞋

状况 04
飞机

词汇
跟飞机相关的词汇

la altura
(名词)
飞行高度 ★★★

el viento a favor
(词语)
顺风 ★★★

contra el viento
(词语)
逆风 ★★★

la turbulencia
(名词)
乱流 ★★★

la pista
(名词)
跑道 ★★★

la transmisión del comandante
(名词)
机长广播 ★★★★

el pasajero (阳性)
la pasajera (阴性)
(名词)
乘客 ★★★★

el cinturón de seguridad
(词语)
安全带 ★★★★

la máscara de oxígeno
(词语)
氧气罩 ★★★★

la salida de emergencia
(词语)
紧急出口 ★★★★

el kilometraje
(名词)
里程数 ★★★★

la sala VIP
(词语)
贵宾室 ★★★★

词汇
跟机场相关的词汇

despegar
(动词)
起飞 ★★★★

aterrizar
(动词)
着陆 ★★★★

cancelar
(动词)
停飞 ★★★★

retrasar
(动词)
误点 ★★★★

expulsar
(动词)
遣返 ★★★★

detener
(动词)
拘留 ★★★★

Capítulo 5 交通

状况 04 飞机

动作

搭乘飞机会做的动作

reservar
(动词)
订票

registrar
(动词)
注册

revisar
(动词)
检验

embarcar
(动词)
登机

sujetar
(动词)
系紧

usar (el tocador)
(动词)
使用（洗手间）

poner derecho
(el respaldo del asiento)
(词语)
竖直（椅背）

permanecer sentado
(词语)
留在座位

apagar
(动词)
关（电子仪器）

dormir
(动词)
睡觉

mirar
(动词)
看（电影）

estirar
(动词)
伸展

pasar
(动词)
略过（用餐）

hacer cola
(词语)
排队

vender
(动词)
贩卖

comprar
(动词)
购买

cambiar
(el asiento)
(动词)
换（座位）

rellenar
(el formulario de entrada)
(动词)
填（入境表格）

volcar
(动词)
打翻

临时需要用到的**一个句型**

西 ▶ Prohibido + 动词
... que no está permitido

中 ▶ 禁止……

- Prohibido fumar.
  禁止吸烟。

- Prohibido entrar.
  禁止进入。

- Prohibido usar flash.
  禁止使用闪光灯。

- Los aparatos electrónicos no están permitidos.
  禁止使用电子仪器。

- Prohibido entrar con mascotas. 禁止带宠物进入。

- Prohibido usar celular. 禁止使用手机。

临时需要的生活短语

- Apagar el aparato electrónico.
  关掉电子仪器。

- Los aerosoles no están permitidos.
  禁带高压缩瓶

- Poner derecho al respaldo del asiento. 竖直椅背。

- Ponerse el cinturón de seguridad. 系紧安全带。

- Permanecer sentado. 留在座位上。

Capítulo 5 交通

状况 04 飞机

临时需要用到的一个句型

西 ▶ en + 交通工具
中 ▶ 在（交通工具）上

- en el auto 在车上
- en el taxi 在出租车上
- en el tren 在火车上
- en el autobús 在公交车上
- en el helicóptero 在直升机上
- en el avión 在飞机上

临时需要的生活短语

- Procedimiento aduanero.
  通关手续。
- Enviar el equipaje.
  托运行李。
- En una larga fila para...
  为了……排队。
- Obtener millas. / Acumular kilometraje.
  累积里程数。
- Listo para el embarque.
  准备登机。
- Vuelo a... se cancela.
  往……的航班取消。
- Reservar un vuelo.
  预约机位。

状况 05
火车

种类
火车常见的种类

el tren
(名词) ★★★★
火车

el tren eléctrico
(名词)
电车；区间车

el subte / el metro
(名词) ★★★★
地铁

el tren expreso
(词语) ★★★★
快车

el tren local
(词语) ★★★★
普通列车

el tren turístico
(词语) ★★★★
观光列车

el tren ligero
(词语) ★★★
轻轨电车

el tranvía
(名词) ★★★
有轨电车

el monocarril
(名词) ★★★
单轨电车

el tren nocturno
(词语) ★★★
夜行列车

el tren de mercancías
(词语) ★★★
货运列车

el tren a vapor
(词语) ★★★★
蒸汽火车

种类
依座位区分的火车种类

el asiento reservado
(词语) ★★★
被预订的座位

el coche-cama
(名词) ★★★
卧铺列车

el coche-litera
(名词) ★★★
睡铺列车

la clase alta
(词语) ★★★★
头等

la segunda clase
(词语) ★★★
二等

Capítulo 5 交通

状况 05 火车

种类
欧美常见的列车种类

Inter City
欧铁
（国内大城市之间快车）

Euro Star
欧洲之星（主要行驶于英法之间的高速火车）

Eurostar Italia
意大利欧洲之星
（行驶于义大利境内）

Amtrak
美国铁路公司

Acela
美东都会特级列车

词汇
跟车站有关的词汇

partir
（动词）
发车

la estación terminal
（词语）
终点站

el boleto mensual de tren / el boleto semanal de tren
（词语）
火车月票；周票

el vagón para dejar las valijas
（词语）
行李车厢

retrasar
（动词）
延误

地点
火车会走的路

el ferrocarril
（名词）
铁路

la vía
（名词）
铁轨

el ferrocarril estatal
（词语）
国营铁路

el ferrocarril electrificad
（词语）
电气化铁路

el ferrocarril elevado
（词语）
高架铁路

el paso a nivel
（词语）
平交道

状况 05
火车

地点
火车站会出现的地点

la vía
(名词)
铁道

la entrada
(名词)
入口

la salida
(名词)
出口

el ascensor
(名词)
电梯

la escalera mecánica
(词语)
电扶梯

la plataforma
(名词)
月台

la escalera
(名词)
楼梯

la zona de espera
(词语)
候车处

la puerta de embarque
(词语)
检票口

la puerta de entrada
(词语)
检票口

el pasillo
(名词)
两车厢间走道

la plataforma número...
(词语)
第……月台

事故
火车会遇到的事故

el terremoto
(名词)
地震

el ataque terrorista
(词语)
恐怖袭击事件

el accidente de tráfico
(词语)
交通事故

descarrilar
(动词)
脱轨

el suicidio
(名词)
自杀

el mal funcionamiento
(词语)
故障

Capítulo 5 交通

状况 05 火车

人物

火车上会遇到的人

el jefe de tren (阳性)
la jefa de tren (阴性)
(词语) ★★★★
列车长

el empleado de tren (阳性)
la empleada de tren (阴性)
(词语) ★★★★
列车服务员

el pasajero (阳性)
la pasajera (阴性)
(名词)
乘客

词汇

火车里可能会看到的东西

el carro (名词) ★★★★
车厢

el aire acondicionado (词语) ★★★★
冷气装置

la estufa (名词) ★★★★
暖气装置

el depósito (名词) ★★★
行李放置区

el carrito (名词) ★★★★
餐车

el coche-cama (名词) ★★★★
卧铺

el paisaje (名词) ★★★
景色；风景

la ventana (名词) ★★★
车窗

el túnel (名词) ★★★★
隧道

la bandeja (名词) ★★★★
用餐托盘

el hacha (uso de emergencia) (名词) ★★★★
斧头（紧急用）

la zona de la conexión de tren (词语) ★★
车厢连结处

el vagón de flete (词语) ★★★★
货车车厢

状况 05
火车

词汇

其他和火车相关的词汇

la lista de trenes
(词语)
车站一览表 ★★

el viaje
(名词)
旅行 ★★★★

el baño
(名词)
洗手间 ★★★

la tabla de horarios
(词语)
时刻表 ★★★★

el estante superior del asiento
(词语)
座位上方行李放置区 ★★★

el asiento
(名词)
座位 ★★★★

la valija / la maleta
(名词)
旅行箱 ★★★★

la máquina vendedora
(词语)
贩卖机 ★★★

el pasillo
(名词)
走道 ★★★

el mapa de rumbo
(词语)
路线图 ★★★

el asiento de prioridad
(词语)
博爱座 ★★★★

la maleta
(名词)
手提箱 ★★★★

el itinerario
(名词)
旅游行程路线(图)

el retraso
(名词)
误点 ★★★★

a tiempo
(词语)
准点 ★★★★

el autobús de transbordo
(词语)
接驳公交车 ★★★

el boleto / el billete
(名词)
车票 ★★★★

Capítulo 5 交通

状况 05 火车

动作

搭乘火车会做到的动作

subir (动词)
上车

bajar (动词)
下车

cumplir (动词)
遵守

hacer cola (词语)
排队

ceder el asiento (词语)
礼让座位

charlar (动词)
闲聊

hacer amigos (名词)
交朋友

escuchar (la música) (动词)
听（音乐）

dormir (动词)
小睡

leer (动词)
阅读

形容

和火车有关的形容词

confortable (形容词)
舒适的

rápido (阳性)
rápida (阴性)
(形容词)
迅速的

puntual (形容词)
准时的

retrasado (阳性)
retrasada (阴性)
(形容词)
误点的

complicado (阳性)
complicada (阴性)
(形容词)
复杂的

práctico (阳性)
práctica (阴性)
(形容词)
便于使用的，实用的

临时需要用到的一段话

询问乘车处

A: Discúlpame. Tengo que ir a Barcelona. ¿Podrías decirme dónde está la puerta de embarque, por favor?
你好，我要到巴塞罗那，你可以告诉我乘车门在哪吗？

B: Claro, se ha cambiado a la puerta 5.
当然，乘车门已经被改到五号乘车门了。

A: ¿Es por allá la puerta 5?
五号乘车门在那边吗？

B: Probablemente no, está en el otro lado de la terminal. Déjame que te lleve allí.
恐怕不是，是在车站的另一边，我带你过去吧。

A: Muchas gracias. Eres muy amable.
真是谢谢你，你真是好人。

 补充句型

西 ¿Dónde debería cambiar de / hacer transbordo?

中 我该在哪里转车 / 下车？

西 la plataforma + 号码

中 几号月台

Capítulo 5 交通

状况 05 火车

临时需要用到的一段对话

询问月台所在

A: Disculpa, ¿cuál es la plataforma del tren expreso para ir a París?
请问开往巴黎的快车是在哪一个月台?

B: ¿El que sale a las 12:30? Déjame comprobarlo, es la plataforma 9A.
十二点半出发的那班吗?让我看一下,是在 9A 月台。

A: Muchas gracias.
非常谢谢你。

B: De nada. Pero tendrás que darte prisa. El tren va a salir en 5 minutos.
不客气,但你要快一点,列车五分钟后就要开了。

A: ¿Cuánto tiempo necesito para llegar hasta allí?
需要多久才能到那边?

B: Alrededor de dos minutos si corres muy rápido.
如果你跑很快的话,两分钟就到了。

补充句型

西 ¿Cuánto tiempo...? / ¿A qué distancia...?
中 多久?/ 多远?

- ¿Cuánto tiempo se tarda en llegar a tu oficina?
到你办公室要多久?
- ¿A qué distancia está tu oficina? 你的办公室离这多远?

状况 06
地铁

种类
地铁的种类

el tren
(名词)
列车

el metro
(名词)
地铁(英)

el subte / el metro
(名词)
地铁

el transporte rápido masivo
(词语)
大众交通系统 (MRT)

el tren de alta velocidad
(词语)
高铁

el metropolitano
(名词)
地铁

el subterráneo
(名词)
地铁

estatal
(形容词)
国营的

privado (阳性)
privada (阴性)
(形容词)
私营的

construcción - operación - transferencia
公办民营 (BOT)

种类
列车的种类

el tren local
(词语)
普通车

el tren expreso
(词语)
快车

el tren super expreso
(词语)
特快车

el tren directo
(词语)
直达列车

el tren turístico
(词语)
旅游列车

el tren bala
(词语)
子弹列车

词汇

和地铁车票相关的词汇

el pase de un solo viaje
(词语)
单程车票
★★★★

el pase mensual
(词语)
月票
★★★

el pase de set
(词语)
套装票
★★★

ilimitado (阳性)
ilimitada (阴性)
(形容词)
无限的（搭乘）
★★★★

la hora punta
(名词)
尖峰时间
★★★★

viajar a diario
(词语)
通勤
★★★★

la tarifa
(名词)
车费
★★★★

la ficha
(名词)
代币
★★★★

insuficiente
(形容词)
(余额)不足的
★★★

agregar valor
(词语)
加值
★★★★

el hueco de la plataforma
(词语)
月台间隙
★★★★

la manija
(名词)
拉环
★★★

el cambio
(名词)
零钱
★★★★

el torniquete
(名词)
旋转闸门
★★★

la máquina automática de venta de entradas
(词语)
自动售票机
★★★★

la máquina automática de entradas
(词语)
自动检票机
★★★★

la puerta de entrada automática
(词语)
感应票口
★★★★

临时需要用到的一个词 西语关键词6000

状况 06
地铁

词汇
其他和地铁相关的词汇

la pista (名词)
轨道 ★★★★

la estación de subte / metro (词语)
地铁站 ★★★★

la plataforma (名词)
月台 ★★★★

el cambio de ruta (词语)
路线更改 ★★★★

el horario (名词)
时刻表 ★★★★

la guía (名词)
旅客引导 ★★★★

el vagón (名词)
车厢 ★★★

el asiento (名词)
座位 ★★★★

apoyar (动词)
倚靠 ★★★★

transferir (动词)
转乘 ★★★★

la muesca (名词)
插票口 ★★★★

entrante (形容词)
列车进站 ★★★★

saliente (形容词)
列车出站 ★★★★

形容
可用来形容地铁的词汇

rápido (阳性) **rápida** (阴性) (形容词)
迅速的 ★★★★

práctico (阳性) **práctica** (阴性) (形容词)
方便的 ★★★

limpio (阳性) **limpia** (阴性) (形容词)
干净的 ★★★★

sucio (阳性) **sucia** (阴性) (形容词)
脏乱的 ★★★★

peligroso (阳性) **peligrosa** (阴性) (形容词)
危险的 ★★★

Capítulo 5 交通

状况 06 地铁

词汇
在地铁站会用到的词汇

el centro de información
(词语)
服务台 ★★★★

el mapa
(名词)
地图 ★★★★

la dirección
(名词)
方向 ★★★★

perder
(动词)
遗失 ★★★★

la ficha
(名词)
代币（像代币的车票） ★★★★

el túnel
(名词)
隧道 ★★★

动作
搭乘地铁会做到的动作

llegar
(动词)
到达 ★★★★

subir
(动词)
上车 ★★★★

bajar
(动词)
下车 ★★★★

destinado (阳性)
destinada (阴性)
(形容词)
目的地是 ★★★

insertar (el billete)
(动词)
插入（票卡） ★★★

pasar por
(词语)
经过 ★★★

recarga
(动词)
加值 ★★★

la inducción
(名词)
感应（车票） ★★★

pasar
(动词)
刷（车票） ★★★

detener
(动词)
阻挡关门 ★★★

la atención
(名词)
注意 ★★★★

el modo de silencio
(词语)
手机静音模式 ★★★

临时需要用到的**一段对话**

向路人问路

A: Disculpa, ¿dónde está la estación de metro?
不好意思,请问地铁站在哪里?

B: ¿Adónde vas?
你要去哪里?

A: Quiero ir a Palermo.
我要去巴勒莫区。

B: Entonces deberías ir al centro. Sigue recto y gira a la derecha en el siguiente bloque, la entrada es justo allí.
那你要往城中心方向走,直走到下个路口右转,入口就在那边。

A: Muchas gracias.
非常谢谢你。

 补充句型

西 ▸ **seguir recto.**
中 ▸ **请直走。**

Capítulo 5 交通

状况 06 地铁

临时需要用到的一段对话

询问月台和车次

A: Disculpa, voy a Tigre. ¿Estoy en la plataforma correcta?
不好意思，我要往虎城，请问我在的月台对吗？

B: Sí, aquí es, la plataforma 2.
是的，就是这里，第二月台。

A: Gracias.
谢谢。

A: Discúlpame, ¿se detiene este tren en Retiro?
请问这班车在雷地洛停吗？

B: Me temo que no, Este es un tren expreso. Tienes que cambiar a la línea R en la estación de la avenida Libertador.
恐怕不会停，这班是快车，你要到自由大道站转到 R 线的火车。

A: Gracias por avisarme, muy amable.
谢谢你告诉我，你人真好。

状况 07
高铁

种类
高铁的种类有

TGV ★★★
法国高速列车

Euro Star ★★★★
欧洲之星（指伦敦和巴黎间的高速列车）

Acela ★★
美国高速铁路

AVE ★★★★
西班牙高铁

设备
高铁上会看到的设备

la puerta de emergencia（词语）★★★★
紧急逃生门

el extintor（名词）★★★
灭火器

la correa / la manija（名词）★★★★
手拉环

la bandeja（名词）★★★★
用餐托盘

la cortina（名词）★★★
窗帘

la máquina automática de vender（词语）★★★
自动贩卖机

la sala del conductor（词语）★★★
车长室

el freno de emergencia（词语）★★★
紧急刹车

de manual（词语）★★★
手动（开门）

la alarma（名词）★★★
警铃

el botón de comunicación de emergencia（词语）★★★★
紧急通话钮

Capítulo 5 交通

状况 07 高铁

地点
在高铁车厢里会说的地点

el asiento no reservado
(词语) ★★★
自由座

el asiento reservado
(词语) ★★★★
对号座

cerca del pasillo
(词语) ★★★
靠走道

cerca de la ventana
(词语) ★★★★
靠窗

el baño
(名词) ★★★★
洗手间

el carrito
(名词) ★★★★
餐车

词汇
买高铁票要注意到的资讯

el boleto electrónico
(词语) ★★★★
电子车票

tomar
(动词) ★★★★
搭乘

la hora de salida
(词语) ★★★★
出发时间

la hora de llegada
(词语) ★★★★
到达时间

la duración
(名词) ★★★★
所需时间

la taquilla
(名词) ★★★
售票处

el centro de información
(词语) ★★★★
询问窗口

la carretilla
(名词) ★★★★
手推餐车

el camarero
(阳性)
la camarera
(阴性)
(名词) ★★★★
服务员

pasar
(动词) ★★★★
坐过站

la velocidad
(名词) ★★★★
时速

状况 07
高铁

人物
在高铁会看到的人

el viajero (阳性)
la viajera (阴性)
(名词) ★★★★
旅行者

el mochilero (阳性)
la mochilera (阴性)
(名词) ★★★★
背包客

el conductor (阳性)
la conductora (阴性)
(名词) ★★★★
驾驶员

el empleado de estación (阳性)
la empleada de estación (阴性)
(词语) ★★★
乘务员

词汇
其他和高铁相关的词汇

la alta velocidad
(词语) ★★★
高速

probar
(动词) ★★★
试开

el ruido
(名词) ★★★★
噪音

vender en el tren
(词语) ★★★
车厢内贩售

la salida de emergencia
(词语) ★★★★
紧急逃生口

el tren magnético
(词语) ★★★
磁浮列车

el tren bala
(词语) ★★★★
子弹列车

la velocidad máxima
(词语) ★★★
最高速限

vibrar
(动词) ★★★★
振动

lo más rápido
(词语) ★★★★
最快

la entrada
(名词) ★★★★
入口

la salida
(名词) ★★★★
出口

el monitor
(名词) ★★★★
监视器

Capítulo 5 交通

状况 07 高铁

动作
在高铁会做的动作

funcionar
(动词)
运行

chequear / comprobar
(动词)
验票

evitar
(动词)
避免

multar
(动词)
罚锾

explicar
(动词)
解释

transportar
(动词)
运送

pasar
(动词)
通过

inclinar
(el respaldo del asiento)
(动词)
倾斜 (椅背)

poner derecho
(el respaldo del asiento)
(词语)
竖直 (椅背)

comprar
(动词)
购入

preguntar
(动词)
问

empujar
(动词)
挤出去

词汇
跟高铁干线有关的词汇

la vía
(名词)
轨道

la línea principal
(词语)
主干线

el ramal
(名词)
支线

el riel
(名词)
铁轨

la estación de placa giratoria
(词语)
转车台

临时需要用到的一段对话

在车站买票

A: Perdona, quiero comprarme un billete de ida a Roma.
不好意思,我想买到罗马的单程车票。

B: ¿Para cuándo?
什么时候的呢?

A: Primera salida de mañana a la mañana.
明天早上的第一班。

B: No hay problema. ¿Te gustaría un asiento de pasillo o ventana?
没问题,你想要靠窗还是靠过道的位置?

A: Si es posible quiero un asiento al lado de la ventana.
如果可以的话,给我靠窗的座位吧。

B: ¿Cómo te gustaría pagar?
你想要怎么付款呢?

A: ¿Aceptáis tarjeta de crédito?
你们接受信用卡吗?

B: Sí, el total es 500 euros incluyendo impuestos.
是的,含税一共是五百欧元。

Capítulo 5 交通

状况 07 高铁

临时需要用到的一个句型

西▶ Quiero comprarme un billete de 列车种类 a 地点.

中▶ 我想买到 地点 的 列车种类 车票。

- Quiero comprarme un billete para el tren expreso a París.
  我想买张到巴黎的快车票。

西▶ 座位类别 para 人数.

中▶ 人数 的 座位类别。

- La clase económica para tres personas.
  三人座的经济票。

西▶ El total es 金额 incluyendo impuestos.

中▶ 含税全部是 金额。

- El total es 200 euros incluyendo impuestos.
  含税后一共是两百欧元。

西▶ El total es 金额 sin impuestos.

中▶ 不含税，一共是 金额。

- El total es 200 euros sin impuestos.
  不含税的话是两百欧元。

状况 08
交通状况

种类
路上会发生的交通状况

el accidente de tráfico
(词语) ★★★
交通事故

pasar el semáforo en rojo
(词语) ★★★★
闯红灯

en construcción
(词语) ★★★★
道路施工

la carretera cerrada
(词语) ★★★
道路封闭

atropellar y fugarse
(词语) ★★★
肇事逃逸

词汇
跟道路有关的词汇

el túnel
(名词) ★★★★
隧道

el arcén
(名词) ★★★
路肩

el carril de tráfico
(词语) ★★★
行驶道

de una sola dirección
(词语) ★★★★
单行道

la distancia segura
(词语) ★★★★
安全距离

cambiar de carril
(词语) ★★★
变换车道

la intersección vial
(词语) ★★★★
十字路口

el atajo
(名词) ★★★★
捷径

el desvío
(名词) ★★★
绕道

el peaje
(名词) ★★★★
过路费

el carril
(名词) ★★★
车道

prohibido rebasar (el cartel)
(词语) ★★★★
禁止超车（标语）

Capítulo 5 交通

状况 08 交通状况

时间
和交通状况有关的时间

viajar a diario (词语)
通勤

la hora punta / la hora pico (词语)
高峰时间

el choque múltiple (词语)
连环车祸

la temporada de vacaciones (词语)
节庆时期

por (介词)
由

人物
和交通状况有关的人物

la patrulla / el patrullero de carreteras (词语)
交警

el testigo (阳性) **la testigo** (阴性) (名词)
目击者

el peatón que cruza la calle ilegalmente (词语)
违规过马路的行人

el pasajero (阳性) **la pasajera** (阴性) (名词)
乘客

el conductor (阳性) **la conductora** (阴性) (名词)
驾驶员

el policía (阳性) **la policía** (阴性) (名词)
警察

el delincuente (名词)
肇事者；犯罪的人

la víctima (名词)
受害者

el herido (阳性) **la herida** (阴性) (名词)
伤者

el muerto (阳性) **la muerta** (阴性) (名词)
死者

la compañía de seguros (词语)
保险公司

状况 08
交通状况

种类
交通会碰到的的天气状况

el clima (名词) ★★★★
气候

la lluvia fuerte (词语) ★★★★
大雨

el tifón (名词) ★★★★
台风

la tormenta (名词) ★★★★
暴风雨

el día nublado (词语) ★★★★
阴雨天

la temporada de lluvias (词语) ★★★
雨季

la niebla (名词) ★★★★
雾

el huracán (名词) ★★★★
飓风

el tornado (名词) ★★★★
龙卷风

la inundación (名词) ★★★★
洪水

el deslizamiento de tierra (词语) ★★★★
泥石流

la tormenta de nieve (词语) ★★★★
暴风雪

形容
跟交通状况有关的形容词

debido a (词语) ★★★★
由于

obvio (阳性) **obvia** (阴性) (形容词) ★★★★
明显的

grave (形容词) ★★★★
严重的

el caos (名词) ★★★★
混乱

terrible (形容词) ★★★★
可怕的

desgraciado (阳性) **desgraciada** (阴性) (形容词) ★★★★
不幸的

Capítulo 5 交通

状况 08 交通状况

词汇

跟交通状况有关的词汇

incrementar
(动词)
增加

girar
(动词)
转弯

evitar
(动词)
避开

disminuir
(动词)
减少

chocar
(动词)
撞

fuera de control
(词语)
失控

suceder
(动词)
发生

el accidente de tráfico
(词语)
车祸

conducir borracho
(词语)
酒后驾车

el límite de velocidad
(词语)
限速

el exceso de velocidad
(词语)
超速行车

conducir somnoliento
(词语)
疲劳驾驶

la ambulancia
(名词)
救护车

el giro brusco
(词语)
急转弯

la transmisión de información sobre el tráfico
(词语)
路况转播

la fractura
(名词)
骨折

retirar por la grúa
(词语)
被拖吊

inconsciente
(形容词)
失去意识

状况 08
交通状况

种类
引起车祸的原因种类

el choque trasero
(词语)
追尾

la conducción temeraria
(词语)
横冲直撞

conducir bebido
(词语)
酒驾

deslizar
(动词)
打滑

patinar
(动词)
侧滑

el ataque de corazón
(词语)
心脏病发

la colisión
(名词)
相撞

el accidente leve
(词语)
小车祸；擦撞

la violación de las normas de tráfico
(词语)
交通违规

el exceso de velocidad
(词语)
超速行车

el accidente múltiple
(词语)
连环车祸

词汇
和车祸有关的赔偿词汇

la compañía de seguros
(词语)
保险公司

el pago del seguro
(词语)
保险金

hacer una reclamación
(词语)
申请理赔

el certificado policial
(词语)
警察证明

la indemnización
(名词)
赔偿金

Capítulo 5 交通

状况 08 交通状况

词汇

和车祸有关的其他词汇

la multa
(名词)
罚款

la sentencia
(名词)
判决

la sentencia de cárcel
(名词)
刑期

liberar
(动词)
释放

encarcelar
(动词)
坐牢

la escena
(名词)
车祸现场

el asesinato
(名词)
谋杀

la responsabilidad
(名词)
责任

la investigación
(名词)
调查

la obligación
(名词)
义务

la negociación
(名词)
谈判

el apoderado
(阳性)
la apoderada
(阴性)
(名词)
法定代理人

el mirón
(名词)
看热闹的人

volcar
(动词)
翻覆

frenar urgentemente
(词语)
紧急刹车

herir
(动词)
受伤

la ambulancia
(名词)
救护车

la secuencia
(名词)
后遗症

en coma
(词语)
昏迷中

状况 08
交通状况

词汇

和交通堵塞有关的情况

el caos (名词) ★★★★
混乱

el embotellamiento de tráfico (词语) ★★★★
堵车

bocinar / pitar (动词) ★★★★
按喇叭

descuidado (阳性)
descuidada (阴性)
(形容词) ★★★★
漫不经心的

chocar (动词) ★★★★
冲撞

conducir (动词) ★★★★
行驶

la dirección contraria (词语) ★★★★
逆向

meter delante (词语) ★★★★
超车

el intermitente (词语) ★★★★
方向灯

la carrera de velocidad (词语) ★★★★
高速道路

estacionar en doble fila (词语) ★★★★
并排停车

estacionar en paralelo (词语) ★★★
路边停车

esperar (动词) ★★★★
等待

en obras (词语) ★★★
道路施工

la descompostura (名词) ★★★★
抛锚

el pinchazo (名词) ★★★★
爆胎

cargar la batería (词语) ★★★
给电池充电

Capítulo 5 交通

状况 08 交通状况

动作

和交通事故有关的动作

investigar
(动词)
调查

causar
(动词)
肇事

denunciar un caso
(词语)
报案

hacer un parte policial
(词语)
做笔录

responsabilizar
(动词)
负责

huir
(动词)
逃逸

la orden
(名词)
(拘捕)令

arrestar
(动词)
逮捕

negociar
(动词)
协调

disculpar
(动词)
道歉

compensar
(动词)
赔偿

discutir
(动词)
争端

juzgar
(动词)
审判

el representante
(阳性)
la representante
(阴性)
(名词)
代表

identificar
(动词)
证明

sentenciar
(动词)
判决

apelar
(动词)
上诉

la cirugía
(名词)
手术

recuperar
(动词)
康复

临时需要用到的一个句型

西▶ estar atado en...

中▶ 被……耽误了

- Estaba atado en el trabajo.
  我被工作耽误了。
- Estoy atado en el tráfico.
  我因交通而被耽误了。
- Estoy atado en el estudio.
  我被学习延误了。

临时需要的生活短语

- La compensación por los daños.
  损害赔偿。
- Dar parte a la policía.
  做笔录。
- Denunciar un accidente de coche.
  车祸报案。
- Presentar un caso en la comisaría.
  到警局备案。

Capítulo 5 交通

状况 08 交通状况

 临时需要用到的一个句型

西 ▶ **debido a...**

中 ▶ **由于……，而……**

- Debido al mal tiempo, se cancelaron todos los vuelos.
  由于气候恶劣而全面停飞了。
- Debido al accidente de coche, no podemos movernos.
  因车祸的关系，我们根本动不了。
- Kevin tuvo un accidente leve debido a su conducción temeraria.
  因为漫不经心的驾驶习惯，凯文昨天发生事故。

西 ▶ **según...**

中 ▶ **根据……**

- Según él, el hombre chocó al coche en la parte delantera a propósito.
  根据他说的，这个男人是故意撞前面的车。
- Según la policía, se trata de un caso por conducir ebrio.
  根据警方的说法，这是一桩酒后驾车的案例。

临时需要的生活短语

- Cumplir las leyes de tráfico. 遵守交通规则。
- La multa por exceso de la velocidad. 超速罚单。
- Ser responsable de... 为……而负责

临时需要用到的一个句型

西▶ 数量词 + por 计量词

中▶ 每/平均……

- La capacidad de tráfico es de unos 400 vehículos por hora.
  平均一小时的交通容量约为四百辆车。

- El límite de velocidad del autobús es de 60 km por hora.
  这辆公交车的速限是每小时六十公里。

- Mi corazón late 75 veces por minuto.
  我的心跳一分钟七十五下。

临时需要的生活短语

- Discutir con alguien.
  和某人起争执。

- Llamar a la policía.
  报警。

- Resolver un accidente de coche en privado.
  车祸私下和解。

Capítulo 6
住宿

Seis

01 | 酒店
02 | 租房与买房
03 | 宿舍

状况 01
酒店

种类
有哪几种酒店类型

el hotel
(名词)
酒店 ★★★★

el complejo turístico
(词语)
度假酒店 ★★★★

la villa
(名词)
独栋式酒店 ★★★★

el hostal
(名词)
经济型旅馆 ★★★★

el hostal juvenil / el albergue
(词语)
青年旅馆 ★★★★

el hotel comercial
(词语)
商务旅馆 ★★★★

el hotel de 5 estrellas
(词语)
五星级酒店 ★★★★

el hotel boutique
(词语)
精品酒店 ★★★★

el motel
(名词)
汽车旅馆 ★★★★

el hotel de apartamentos
(词语)
公寓式酒店 ★★

el hotel de cápsula
(词语)
胶囊旅馆 ★★

la pensión
(名词)
含早餐的民宿 ★★★★

地点
酒店里的设施地点

la instalación
(名词)
酒店设施 ★★★★

la sala principal
(词语)
大厅 ★★★★

la suite
(名词)
套房 ★★★★

la sala de conferencias
(词语)
会议室 ★★★★

el salón de banquetes
(词语)
宴会厅 ★★★★

el restaurante
(名词)
餐厅 ★★★★

Capítulo 6 住宿

状况 01 酒店

动作
在酒店会做的动作

alojarse (动词) ★★★★
住宿

dormir (动词) ★★★★
睡觉

llegar (动词) ★★★★
到达

salir (动词) ★★★★
离开

reservar (动词) ★★★★
预约

registrarse (动词) ★★★★
入住

el descuento (名词) ★★★★
打折

ascender de categoría (词语) ★★★★
升等

quejarse (动词) ★★★★
抱怨

confirmar (动词) ★★★★
确认

salir / dejar (动词) ★★★
退房

el servicio de habitaciones (词语) ★★★★
客房服务

形容
酒店给人的感觉

grande (形容词) ★★★★
大的

pequeño (阳性) **pequeña** (阴性) (形容词) ★★★★
小的

lujoso (阳性) **lujosa** (阴性) (形容词) ★★★★
豪华的

conveniente (形容词) ★★★★
方便的

limpio (阳性) **limpia** (阴性) (形容词) ★★★★
干净的

comfortable (形容词) ★★★★
舒适的

临时需要用到的一个词 **西语关键词6000**

狀況 01
酒店

服务
酒店提供哪些服务

el servicio de portería
(词语) ★★★
代提行李

el servicio de habitaciones
(词语) ★★★★
客房服务

el servicio de lavandería
(词语) ★★★★
洗衣服务

el servicio de limpieza
(词语) ★★★★
房间清洁

el servicio de transporte
(词语) ★★★★
接送服务

la caja de seguridad
(词语) ★★★★
保险箱

la sauna
(名词) ★★★
三温暖桑拿

el servicio de estacionamiento
(词语) ★★★★
代客停车

el cambio de plata / moneda
(词语) ★★★★
货币兑换

el servicio de conserjería
(词语) ★★★★
咨询服务

el autobús de transbordo
(词语) ★★★★
接驳车

动作
在酒店会发生的行为

ofrecer
(动词) ★★★★
提供

el chequeo / la comprobación
(名词) ★★★★
检查

la queja
(名词) ★★★★
抱怨

pedir
(词语) ★★★★
点餐

cambiar (la habitación)
(动词) ★★★★
换（房间）

limpiar
(动词) ★★★★
清洁

Capítulo 6 住宿

状况 01 酒店

种类
房间种类

la habitación doble con una cama
(词语)
双人房（一张大床）

la habitación doble con cama doble
(词语)
双人房（两张床）

la habitación individual
(词语)
单人房

la suite
(词语)
豪华套房

la suite presidencial
(词语)
总统套房

种类
住宿费用的计算方式

la tarifa
(名词)
费用

el precio
(名词)
价钱

cobrar
(动词)
收费

gratis
(形容词)
免费的

cobrar por
(词语)
依～收费

el descuento
(名词)
打折

incluido (阳性)
incluida (阴性)
(形容词)
附带的

ilimitado (阳性)
ilimitada (阴性)
(形容词)
无限制的

ascender de categoría
(词语)
升等

invitar por la casa
(词语)
招待

el impuesto incluido
(词语)
消费税内含

sin impuesto
(词语)
消费税另计

状况 01
酒店

设备

房间里的设备

el champú (名词)
洗发水

el acondicionador (名词)
润发水

el cepillo dental (词语)
牙刷

la maquinilla de afeitar (名词)
刮胡刀

el peine (名词)
梳子

la toalla (名词)
浴巾

el secador de pelo (词语)
吹风机

la televisión (名词)
电视

el hervidor (名词)
热水壶

la cafetera (名词)
咖啡壶

el reproductor de DVD (词语)
DVD 播放器

la caja de seguridad (词语)
保险箱

la nevera / el frigorífico (名词)
冰箱

la plancha (名词)
熨斗

la bata (名词)
浴袍

las pantuflas (名词)
拖鞋

la percha (名词)
衣架

el vaso (名词)
玻璃杯

Capítulo 6 住宿

状况 01 酒店

种类
房间类型

el piso superior
(词语)
高楼层 ★★★

el piso inferior
(词语)
低楼层 ★★★

no fumar
(词语)
禁烟

la vista desde la montaña
(词语)
山景 ★★★

la vista al océano / mar
(词语)
海景 ★★★

服务
在酒店会享受到的服务

el servicio
(名词)
服务 ★★★★

el desayuno
(名词)
早餐 ★★★★

el cupón
(名词)
住宿券 ★★★★

la televisión satélite
(词语)
卫星电视 ★★

cambiar
(动词)
换

preguntar
(动词)
询问 ★★★★

el mostrador
(名词)
柜台 ★★★★

el conserje
(名词)
咨询服务台 ★★★★

el estacionamiento gratuito
(词语)
免费停车 ★★

la sala de gimnasio
(词语)
健身房 ★★★★

Wi-Fi gratuita
(词语)
免费无线网络 ★★★★

临时需要用到的一个词 西语关键词6000

状况 01
酒店

时间	动作
在酒店居住时间	可能跟酒店人员做的动作

una noche (名词) ★★★★
一晚

esta noche (词语) ★★★★
今晚

ayudar (动词) ★★★★
帮忙

una semana (名词) ★★★★
一周

mañana por la noche (词语) ★★★★
明晚

asistir (动词) ★★★★
协助

un mes (名词) ★★★★
一个月

anteayer (副词) ★★★★
前天

romper (动词) ★★★★
弄坏

a largo plazo (词语) ★★★★
长期

ayer (副词) ★★★★
昨天

encender (动词) ★★★★
打开(电器)

a corto plazo (词语) ★★★★
短期

apagar (动词) ★★★★
关掉(电器)

varios días (词语) ★★★
几天

buscar (动词) ★★★★
寻找

recientemente (副词) ★★★★
最近

en... días (词语)
几天内；几天后

346

Capítulo 6 住宿

状况 01 酒店

词汇
在乘车处会看到的词汇

el autobús de transbordo (词语)
接驳巴士 ★★★★

la parada (名词)
乘车处 ★★★★

el horario (名词)
时刻表 ★★★★

el precio (名词)
票价 ★★★★

el rumbo (名词)
路线 ★★★★

形容
在酒店会用到的形容词

amable (形容词)
亲切的 ★★★★

servicial (形容词)
乐于帮忙的 ★★★★

frío (阳性) **fría** (阴性) (形容词)
冷漠的 ★★★★

lejano (阳性) **lejana** (阴性) (形容词)
很远的 ★★★★

sucio (阳性) **sucia** (阴性) (形容词)
脏的 ★★★★

roto (阳性) **rota** (阴性) (形容词)
坏掉的 ★★★★

educado (阳性) **educada** (阴性) (形容词)
有礼貌的 ★★★★

antiguo (阳性) **antigua** (阴性) (形容词)
旧的 ★★★★

pensativo (阳性) **pensativa** (阴性) (形容词)
体贴的 ★★★★

famoso (阳性) **famosa** (阴性) (形容词)
有名的 ★★★★

grosero (阳性) **grosera** (阴性) (形容词)
没有礼貌的 ★★★★

luminoso (阳性) **luminosa** (阴性) (形容词)
明亮的 ★★★★

临时需要用到的一个句型

西 **¿Cómo + 动词？**

中 **该如何进行……呢？**

- ¿Cómo hago la reserva?
  我如何预约呢？
- ¿Cómo me comunico contigo?
  我如何联系你呢？
- ¿Cómo llego allí?
  我如何去呢？
- ¿Cómo puedo resolver este problema?
  我要如何处理这个问题呢？

临时需要的生活短语

- ¿Tiene alguna habitación libre para este fin de semana?
  请问这周末有空房吗？
- Reservar una habitación de hotel.
  预约酒店。
- Buscar un hotel para alojarse.
  寻找酒店。
- Llegar al hotel.
  已到达酒店。
- Hola, quiero hacerme el registro / check in.
  你好，我要登记入住。

Capítulo 6 住宿

状况 01 酒店

临时需要用到的一个句型

西 ▶ ...está incluido / Incluye...

中 ▶ 附有……，包含在内

- El servicio de transporte / traslado está incluido.
  接送服务已包含在内。
- Este paquete de viaje incluye vuelo y habitación de hotel. 这个套装行程包含机票和酒店。

西 ▶ ¿Cómo de lejos está? /
  ¿A qué distancia está...?

中 ▶ ……多远？

- ¿A qué distancia está la parada de autobús más cercana? 最近的巴士站多远？
- ¿Cómo de lejos está el cine? 电影院多远？

西 ▶ ¿Cuánto tiempo...?

中 ▶ ……多久？

- ¿En cuánto tiempo llegará allí? 还要多久才到？
- ¿Cuánto tiempo se tardará en coche? 开车要多久？

临时需要的生活短语

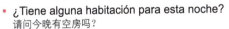

- ¿Tiene alguna habitación para esta noche?
  请问今晚有空房吗？
- He reservado una habitación individual.
  我已经订了一间单人房。

状况 02
租房与买房

词汇
看房时注意的事项

el alquiler (名词) ★★★★
出租

la visita (名词) ★★★★
参观

la conveniencia (名词) ★★★★
方便

la privacidad (名词) ★★★★
隐私

el seguro (名词) ★★★★
安全

el diseño (名词) ★★★★
房间布局

la casa abierta (词语) ★★★★
开放参观

人物
租房与买房的相关人员

la inmobiliaria (名词) ★★★★
物业

el intermediario (阳性)
la intermediaria (阴性)
(名词) ★★★★
中介

el tutor (阳性)
la tutora (阴性)
(名词) ★★★★
监护人

el garante (阳性)
la garante (阴性)
(名词) ★★★★
保证人

el inquilino (阳性)
la inquilina (阴性)
(名词) ★★★★
承租者

el propietario (阳性)
la propietaria (阴性)
(名词) ★★★★
房东

el comprador (阳性)
la compradora (阴性)
(名词) ★★★★
买方

el vendedor (阳性)
la vendedora (阴性)
(名词) ★★★★
卖主

Capítulo 6 住宿

状况 02 租房与买房

词汇
需准备的资料

el documento
(名词)
文件
★★★★

el certificado de identidad
(词语)
身份证明
★★★★

la licencia de conducir
(词语)
驾照
★★★

el número de la seguridad social
(词语)
社会保险号码
★★★★

la posesión
(名词)
所有权
★★★

el registro
(名词)
登记
★★★★

el estado financiero
(词语)
财力状况
★★★★

el contrato de compra-venta
(词语)
买卖合约
★★★★

el contrato de arrendamiento
(词语)
租赁合约
★★★★

la condición
(名词)
条件
★★★★

la firma
(名词)
签名
★★★★

种类
房间布局的类型

el estudio
(名词)
工作室
★★

el dormitorio
(名词)
卧室
★★★

la sala de estar
(词语)
客厅
★★★★

el apartamento de estilo ferrocarril
(词语)
铁路型公寓
★★★

el desván
(名词)
阁楼
★★

la casa
(名词)
房子
★★★★

351

临时需要用到的一个词 西语关键词6000

状况 02
租房与买房

形容

关于住宿环境的形容词

el ambiente (名词)
环境 ★★★★

los alrededores (名词)
周围 ★★★★

cerca (副词)
靠近 ★★★★

la iluminación (名词)
采光 ★★★

el centro de la ciudad (词语)
市中心 ★★★★

silencioso (阳性) **silenciosa** (阴性) (形容词)
安静的 ★★★★

conveniente (形容词)
方便的 ★★★★

práctico (阳性) **práctica** (阴性) (形容词)
便利的 ★★★★

la distancia de camino (词语)
步行距离 ★★★★

el paisaje (名词)
风景 ★★★★

barato (阳性) **barata** (阴性) (形容词)
便宜的 ★★★

aireado (阳性) **aireada** (阴性) (形容词)
通风的 ★★★★

espacioso (阳性) **espaciosa** (阴性) (形容词)
宽广的 ★★★★

cómodo (阳性) **cómoda** (阴性) (形容词)
舒适的 ★★★★

rehacer (动词)
重做 ★★★★

nuevo (阳性) **nueva** (阴性) (形容词)
新的 ★★★★

seguro (阳性) **segura** (阴性) (形容词)
安全的 ★★★★

limpio (阳性) **limpia** (阴性) (形容词)
干净的 ★★★★

Capítulo 6 住宿

状况 02 租房与买房

动作

买房时会做的动作

comprar (动词) ★★★★
买

vender (动词) ★★★★
卖

negociar (动词) ★★★★
交涉

consultar (动词) ★★★★
咨询

decidir (动词) ★★★★
决定

incrementar (动词) ★★★★
增加

pagar (动词) ★★★★
支付

el adelanto (名词) ★★
首付款

el préstamo (名词) ★★★★
贷款

la hipoteca (名词) ★★
抵押

la cuota (名词) ★★★
分期付款

el contrato (名词) ★★★
合同

firmar (el contrato) (动词)
签（约）

la tasa de interés (词语) ★★★★
利率

词汇

租房与买房会用到的词

el inmueble (名词) ★★★★
不动产

la propiedad (名词) ★★★★
财产

la casa (名词) ★★★★
房子

el piso / apartamento (名词) ★★★★
公寓

el metro cuadrado (词语) ★★★★
平方公尺

el precio (名词) ★★★★
价格

el acuerdo (名词) ★★★★
协议

状况 02
租房与买房

种类

可能会支付的费用

el depósito
(名词)
押金

la renta
(名词)
房租

el alquiler de un día
(词语)
日租金

la comisión
(名词)
中介费

los gastos de gestión
(名词)
管理费

la tarifa de electricidad
(词语)
电费

el interés
(名词)
利息

el restante
(名词)
剩余款项

la utilidad
(名词)
杂费

el mantenimiento
(名词)
维护费用

la tarifa de internet
(词语)
网络费

la seguridad
(名词)
保险

mantener
(动词)
维护

动作

租房的时候会做的动作

buscar
(动词)
寻找

alquilar
(动词)
出租

tomar prestado
(词语)
借入

prestar
(动词)
借出

Capítulo 6 住宿

状况 02 租房与买房

种类

住宅样式

el piso / apartamento (名词)
公寓

la mansión (名词)
高级公寓

la residencia en piso superior (词语)
高楼层住宅

la residencia en piso bajo (词语)
低楼层住宅

el edificio (名词)
建筑物

reparar (动词)
修理

la casa (名词)
独栋独户

la villa (名词)
别墅

el ático (名词)
顶楼公寓

la residencia (名词)
公寓

la residencia estudiantil (词语)
学生套房

el complejo de viviendas (词语)
集合住宅

la casa de segunda mano (词语)
二手房

el edificio nuevo (词语)
新大楼

la vivienda pública (词语)
公共住宅

el piso / el apartamento sin ascensor (词语)
无电梯公寓

临时需要用到的一个词 西语关键词6000

状况 02
租房与买房

动作
租房与买房前后会发生的行为

buscar
(动词) ★★★★
找

visitar
(动词) ★★★★
参观

negociar
(动词) ★★★★
协调

quedarse
(动词) ★★★★
保留

rebajar
(动词) ★★★★
杀价

el trato
(名词) ★★★★
交易

comunicar
(动词) ★★★★
沟通

mudarse
(动词) ★★★★
搬

decorar
(动词) ★★★★
装修

pintar
(动词) ★★★
油漆

la decoración
(名词) ★★★★
装饰

firmar
(动词) ★★★★
签(约)

形容
可能会用到的词汇

asequible
(形容词) ★★★
负担得起的；经济实惠的

el exceso de presupuesto
(词语) ★★★
超过预算

el mejor precio
(词语) ★★
最好的价钱

el nuevo (阳性)
la nueva (阴性)
(名词) ★★★
全新

comprometer
(动词) ★★★
妥协

aceptar
(动词) ★★★★
同意

356

Capítulo 6 住宿

狀況 02 租房與買房

地點

房間裡會出現的地點

el ropero
(名詞)
衣櫥

el baño
(名詞)
浴室；廁所

el inodoro
(名詞)
馬桶

el balcón
(名詞)
陽台

la cocina
(名詞)
廚房

la sala de estar
(詞語)
客廳

el comedor
(名詞)
餐廳

el sótano
(名詞)
地下室

la despensa
(名詞)
儲藏室

la terraza
(名詞)
陽台

el garaje
(名詞)
車庫

el porche
(名詞)
前廊

el ascensor
(名詞)
電梯

la escalera
(名詞)
樓梯

樓層

房子的樓層有哪些

la planta baja
(詞語)
一樓

el primer piso
(詞語)
二樓

el segundo piso
(詞語)
三樓

el tercer piso
(詞語)
四樓

el cuarto piso
(詞語)
五樓

el quinto piso
(詞語)
六樓

临时需要用到的一段对话

和房屋中介看房

A: Discúlpeme. Estoy buscando un apartamento cerca de la estación de tren. ¿Hay alguno en el mercado?
对不起。我现在正在寻找车站附近的公寓,请问市场中有没有合适的?

B: Sí. ¿Puedo saber su presupuesto?
有的。您的预算是?

A: Yo diría que menos de 800 euros, por favor.
八百欧元以下的,麻烦一下。

B: En ese caso, nosotros tenemos uno en un edificio de nueva construcción que está a 10 minutos a pie de la estación. ¿Le gustaría verlo?
那么,这里是距车站步行十分钟的新建公寓,您觉得如何?

A: ¿Cuantós cuartos tiene? ¿Tiene ascensor?
有几间房间呢?是有电梯的公寓吗?

B: Es un apartamento de un dormitorio con ascensor, el alquiler es 820 euros.
是一间房,有电梯,房租是八百二十欧元。

A: ¿Puedo verlo ahora?
可以看房吗?

B: Claro. Déjeme que le lleve allí.
可以啊,我带您去。

Capítulo 6 住宿

状况 02 租房与买房

临时需要用到的一个句型

西 ▶ **en +（交通工具）**
中 ▶ 以……方式到达

- en auto / en coche 开车到达
- en tren 乘火车到达
- en subte / en metro 乘地铁到达
- ir a pie 走路到达

补充句型

西 ▶ **menos de 金额.**
中 ▶ 金额 以下的物件。

西 ▶ **el alquiler es 金额.**
中 ▶ 房租是 金额 。

359

状况 03
宿舍

种类	动作	词汇
宿舍种类	住宿前要做的动作	住宿前要注意的事项

种类 / 宿舍种类

la residencia
(名词)
宿舍 ★★★★

la casa de huéspedes
(词语)
寄宿家庭 ★★★

la pensión completa
(词语)
供餐宿舍（含三餐）★★★★

la residencia estudiantil
(词语)
学生宿舍 ★★★★

la residencia de empleados
(词语)
员工宿舍 ★★★★

动作 / 住宿前要做的动作

solicitar
(动词)
申请 ★★★★

comprobar
(动词)
审核 ★★★★

reservar
(动词)
预约 ★★★★

buscar
(动词)
寻找 ★★★★

alojarse
(动词)
住宿 ★★★★

mudarse
(动词)
搬入 ★★★★

词汇 / 住宿前要注意的事项

la residencia escolar
(词语)
住宿学校 ★★★★

solo para estudiantes
(词语)
仅对学生 ★★★★

la matrícula
(名词)
入学 ★★★★

el control de acceso
(词语)
门禁 ★★★★

la obligación
(名词)
义务 ★★★★

el reglamento
(名词)
规定 ★★★★

Capítulo 6 住宿

状況 03 宿舍

设备
宿舍会提供的设备

el equipamiento
(名词)
设备

la instalación
(名词)
设施

la máquina de vender
(词语)
自动贩卖机

la máquina de fotocopiar
(词语)
复印机

la televisión
(名词)
电视

la lavadora
(名词)
洗衣机

el estacionamiento de bicicletas
(词语)
自行车停车场

el armario
(名词)
置物柜

internet
(名词)
网络

la red Wi-Fi
(名词)
无线网络

el cuidador
(名词)
男舍监

动作
和宿舍人员沟通时会用到的动作

contar
(动词)
告知

asistir
(动词)
协助

anunciar
(动词)
宣布

decorar
(动词)
布置

cambiar
(动词)
换

comunicar
(动词)
联系

临时需要用到的一个词 西语关键词6000

状况 03
宿舍

设备

宿舍房间里面会有的设备

la cama
(名词)
★★★★
床

el colchón
(名词)
★★★★
弹簧床，床垫

el escritorio
(名词)
★★★★
书桌

la silla
(名词)
★★★★
椅子

el microondas
(名词)
★★★★
微波炉

la tostadora
(名词)
★★★
烤面包机

el horno
(名词)
★★★★
烤箱

el hervidor
(名词)
★★★★
热水瓶

la nevera
(名词)
★★★
冰箱

la ducha
(词语)
★★★★
莲蓬头

el lavabo
(名词)
★★★★
洗手台

la estufa
(名词)
★★★★
暖气

el ropero
(名词)
★★★★
衣橱

la luz
(名词)
★★★★
灯

el tocador
(名词)
★★★★
梳妆台、梳妆室

el baño
(名词)
★★★★
浴室

el aire acondicionado
(词语)
★★★★
空调

**la tina /
la bañera**
(名词)
★★★★
浴缸

362

Capítulo 6 住宿

状况 03 宿舍

种类

住宿舍时需要的生活用品

el champú
(名词)
洗发水

el acondicionador
(名词)
润发水

el limpiador para el rostro
(词语)
洗面乳

la loción
(名词)
乳液

el producto cosmético
(词语)
化妆品

el cepillo dental
(词语)
牙刷

la maquinilla de afeitar
(名词)
刮胡刀

el secador de pelo
(词语)
吹风机

el jabón
(名词)
肥皂

la toalla
(名词)
毛巾

la percha
(名词)
衣架

la plancha
(名词)
熨斗

la pasta dental
(词语)
牙膏

el jabón líquido para ropa
(词语)
洗衣液

la colcha
(名词)
棉被；床罩

la almohada
(名词)
枕头

la computadora / el ordenador
(名词)
电脑

la impresora
(名词)
打印机

el ordenador / la computadora portátil
(词语)
笔记本电脑

临时需要用到的一个词 西语关键词6000

状况 03
宿舍

种类

在宿舍用餐的方式

para llevar
(词语) ★★★★
外带

comer afuera
(词语) ★★★★
在外用餐

cocinar
(动词) ★★★★
煮饭

el desayuno
(名词) ★★★★
早餐

el almuerzo
(名词) ★★★★
中餐

la cena
(名词) ★★★★
晚餐

形容

会用来形容宿舍生活的词汇

estrecho (阳性)
estrecha (阴性)
(形容词) ★★★★
狭窄的

amplio (阳性)
amplia (阴性)
(形容词) ★★★★
宽广的

casi
(副词) ★★★★
几乎

solamente
(副词) ★★★★
只有

privado (阳性)
privada (阴性)
(形容词) ★★★★
隐私的

inconveniente
(形容词)
不方便的

estricto (阳性)
estricta (阴性)
(形容词) ★★★★
严格的

seguro (阳性)
segura (阴性)
(形容词) ★★★★
安全的

cerca
(副词) ★★★★
近地

lejos
(副词) ★★★★
远地

barato (阳性)
barata (阴性)
(形容词) ★★★★
便宜的

caro (阳性)
cara (阴性)
(形容词) ★★★★
贵的

Capítulo 6 住宿

状况 03 宿舍

动作
在宿舍可能会做的动作

estudiar (动词)
念书，学习 ★★★★

charlar (动词)
聊天 ★★★★

el chisme (名词)
八卦 ★★★★

limpiar (动词)
清扫 ★★★★

dormir (动词)
小睡 ★★★★

pasar la noche (词语)
过夜 ★★★★

invitar (动词)
请 ★★★★

时间
进出宿舍的时间

el día normal (词语)
平日 ★★★★

el fin de semana (词语)
周末 ★★★★

las vacaciones de verano (词语)
暑假 ★★★★

las vacaciones de invierno (词语)
寒假 ★★★★

el feriado (名词)
假日 ★★★★

nocturno (阳性) **nocturna** (阴性) (形容词)
夜间的 ★★★★

人物
在宿舍可以看到的人

el compañero de cuarto (阳性)
la compañera de cuarto (阴性) (词语)
室友 ★★★★

el senior (阳性) **la senior** (阴性) (名词)
学长(姐) ★★

la cuidadora (名词)
女舍监 ★★

el encargado de la residencia (阳性)
la encargada de la residencia (阴性) (词语)
宿舍管理员

365

状况 03
宿舍

地点
宿舍生活会出现的地点

la habitación individual
(词语) ★★★
单人房间

la habitación doble
(词语) ★★★
双人房间

la habitación
(名词) ★★★★
房间

la cama
(名词) ★★★
床铺

el baño
(名词) ★★★★
浴室

el baño público
(词语) ★★★★
公共澡堂

la entrada
(名词) ★★★★
入口

el pasillo
(名词) ★★★★
走廊

el techo
(名词) ★★★★
屋顶

la ventana
(名词) ★★★★
窗户

el bufé libre
(词语) ★★★★
自助餐

la escuela
(名词) ★★★★
学校

el bazar
(名词) ★★★
生活用品卖场

el asunto estudiantil
(词语) ★★★★
学生事务

la situación / ubicación
(名词) ★★★★
位置

la mansión
(名词) ★★★
高级公寓

el apartamento / el piso
(名词) ★★★★
公寓

la estación
(名词) ★★★★
车站

Capítulo 6 住宿

状况 03 宿舍

种类

在宿舍会用到的所有花费

el alquiler
(名词) ★★★★
房租

el gasto
(名词) ★★★★
花费

el presupuesto
(名词) ★★★★
预算

internet
★★★★
网络

la matrícula
(名词) ★★★★
学费

el depósito / la fianza
(名词) ★★★★
押金

la cuota de inscripción
(词语) ★★★★
申请费

la tarifa de electricidad
(词语) ★★★★
电费

los gastos de gestión
(名词) ★★
管理费

los gastos comunitarios
(词语) ★★★
公共费用

la utilidad
(名词) ★★★★
杂费

el gasto diario
(词语) ★★★
日常支出

el plan
(名词) ★★★★
方案

gratis
(形容词) ★★★★
免费的

cobrar
(名词) ★★★★
收费

la estimación
(名词) ★★★★
估算

el impuesto incluido
(词语) ★★★
含税

la devolución de impuestos
(词语) ★★★
退税

临时需要用到的一个句型

西 ▶ **solo para + 名词**
中 ▶ 只限……能……

- Este dormitorio es solo para los estudiantes.
  这间宿舍只提供给学生。

- Este club es exclusivo, solo para los miembros.
  这个俱乐部是会员制的,只有会员才能使用。

- Este programa de ESL es solo para los estudiantes internacionales.
  这个英语课程只限国际学生参加。

临时需要的生活短语

- Cerca de todo.
  离什么都很近。

- La mejor ubicación.
  最好的位置。

- Precio aceptable.
  可负担的价格。

- Totalmente equipado.
  设备齐全。

- Incluyendo los gastos de gestión / la expensa.
  包含管理费。

Capítulo 6 住宿

状况 03 宿舍

 临时需要用到的一个句型

西▶ **cerca de**
中▶ 离……很近

- La pensión de las chicas está muy cerca de nuestra escuela.
  女生宿舍离学校非常近。

西▶ **lejos de**
中▶ 离……很远

- Nos mudamos a un lugar lejos del centro.
  我们搬到一个离市区很远的地方。

有关楼层的说法

西▶ **序数 + piso / planta**
中▶ 第……楼

- el primer piso 第二楼
- la décima planta 第十一楼
  🌸 西班牙语的一楼是我们所谓的二楼，依此类推。

- Se tarda cinco minutos en llegar al mercado, a pie.
  步行大约五分钟可到市场。
- Tengo tres compañeros de cuartoy, todos fuimos de la misma escuela secundaria.
  我有三个室友，我们是高中同学

临时需要用到的一个句型

可以……

Saber + 动词 与 poder 的差别

虽然西语口语中，常用 poder 代替 saber + 动词，而且中文的翻译都是"可以"，但其实西语语意中的差别是很大的，saber + 动词，暗示的是做事的能力，poder 则是暗示"允许"。举个例子来说：

- A: ¿Puedo fumar?
  我可以抽烟吗？

- B: Sabes fumar, pero no puedes.
  你可以（会）抽烟，但你不能抽。

临时需要的生活短语

- ¿Puedes pasarme el salero?
  可以把盐罐给我吗？

- ¿Puedo ir contigo?
  我可以和你一起去吗？

- ¿Puedes bajar el volumen de la radio, por favor?
  可以请你把收音机调小声点吗？

- Yo sé hablar tres idiomas.
  我会说三种语言。

- Ella sabe bailar, pero no puede porque tuvo un accidente.
  她会跳舞，可是发生了意外所以不能跳了。

Capítulo 7
Siete

教育

01 | 校园
02 | 图书馆
03 | 考试
04 | 社团活动

状况 01
校园

种类

常见的学校种类

la escuela
(名词)
学校

la escuela media superior
(词语)
高中

la escuela de idiomas
(词语)
语言学校

la guardería / el jardín de infancia
(词语)
幼儿园

la escuela universitaria
(词语)
大专院校

la universidad
(名词)
大学

el colegio de discapacidad visual
(词语)
盲人学校

la escuela primaria
(词语)
小学

el colegio de discapacidad auditiva
(词语)
启智学校

la escuela secundaria
(词语)
中学

la universidad comunitaria
(词语)
社区大学

la academia
(词语)
补习班

los estudios de posgrado
(词语)
研究所

la guardería
(名词)
托儿所

el instituto
(名词)
专长训练机构

Capítulo 7 教育

状况 01 校园

科目

学校里学习的科目

el curso
(名词)
课程 ★★★

la asignatura
(名词)
学科 ★★★★

la lengua materna
(词语)
母语 ★★★★

el idioma japonés
(词语)
日语 ★★★★

el idioma inglés
(词语)
英语 ★★★★

las ciencias sociales
(词语)
社会科学 ★★★★

la geografía
(名词)
地理 ★★★

la historia
(名词)
历史 ★★★

la ciencia
(名词)
科学 ★★★★

la música
(名词)
音乐 ★★★★

la física
(名词)
物理 ★★

la química
(名词)
化学 ★★★

las bellas artes
(名词)
美术 ★★★★

las matemáticas
(名词)
数学 ★★★★

la educación física
(名词)
体育课 ★★★★

el curso general
(词语)
通识课程 ★★★★

状况 01 校园

人物

在学校里会碰到的人物

el maestro (阳性)
la maestra (阴性)
(名词) ★★★★
老师

el empleado (阳性)
la empleada (阴性)
(名词) ★★★★
职员

el profesor (阳性)
la profesora (阴性)
(名词) ★★★★
老师

el preceptor (阳性)
la preceptora (阴性)
(名词) ★★★★
教职员工

el estudiante (阳性)
la estudiante (阴性)
(名词) ★★★★
学生

el estudiante transferido (阳性)
la estudiante transferida (阴性)
(词语) ★★★
转学学生

el consejero (阳性)
la consejera (阴性)
(名词) ★★
顾问

el director (阳性)
la directora (阴性)
(名词) ★★★★
校长；主任

el vigilante de seguridad (阳性)
la vigilante de seguridad (阴性)
(词语) ★★★★
警卫

los animadores (名词) ★★★★
啦啦队

el novato (阳性)
la novata (阴性)
(名词) ★★★★
新生

el estudiante de último año (阳性)
la estudiante de último año (阴性)
(词语) ★★★★
毕业年级生

Capítulo 7 教育

状况 01 校园

词汇
学校生活

el curso (名词)
课程

el programa (名词)
课程

la actividad (名词)
课外活动

dar la clase (词语)
授课

la enseñanza (名词)
教学

el club (名词)
社团活动

el alojamiento (名词)
住宿

la prueba (名词)
小考

el examen (名词)
考试

la competencia (名词)
比赛

trabajar a tiempo parcial (词语)
兼职打工

estudiar en el extranjero (词语)
出国留学

形容
对学校生活的形容词

contento (阳性)
contenta (阴性)
(形容词)
快乐的

ocupado (阳性)
ocupada (阴性)
(形容词)
忙碌的

significativo (阳性)
significativa (阴性)
(形容词)
有意义的

colorido (阳性)
colorida (阴性)
(形容词)
多彩多姿的

liberal (形容词)
自由的

independiente (形容词)
独立的

临时需要用到的一个词 **西语关键词6000**

状况 01
校园

种类
学科和学院

el instituto de
(词语)
学院 ★★

la economía
(名词)
经济 ★★

la literatura
(名词)
文学 ★★

el idioma
(名词)
语言 ★★★

la educación
(名词)
教育 ★★★

la facultad de medicina
(词语)
医学院 ★★★★

la facultad de odontología
(词语)
牙医学院 ★★★★

地点
学校里的各个地点

el campus
(名词)
校园 ★★★★

la sala de investigación
(词语)
研究室 ★★★

el laboratorio
(名词)
实验室 ★★★★

el patio escolar
(词语)
操场 ★★★

el aula
(名词)
教室 ★★★★

el comedor estudiantil
(词语)
学生餐厅 ★★★★

la biblioteca
(名词)
图书馆 ★★★★

la oficina
(名词)
办公室 ★★★

el aula de ordenadores / informática
(词语)
电脑教室 ★★★

la residencia
(名词)
学生宿舍 ★★★

376

Capítulo 7 教育

状况 01 校园

词汇

讨论学校生活时会出现的词汇

el conocimiento
(名词)
知识

la pericia
(名词)
专业知识，技能

la base
(名词)
基础

la introducción
(名词)
入门

la especialidad
(名词)
主修

la selección
(名词)
选修

la matrícula
(名词)
学费

la tarea
(名词)
作业

la nota
(名词)
成绩

orientar
(动词)
指导

calificado (阳性)
calificada (阴性)
(形容词)
有资格的

aprobar
(动词)
通过；及格

solicitar
(动词)
申请

el futuro
(名词)
未来

la beca
(名词)
奖学金

la detención
(名词)
留校察看，停学

expulsar
(动词)
开除

dejar el colegio
(词语)
休学

competir
(动词)
竞争

graduarse
(动词)
毕业

状况 01
校园

动作

在学校读书时会做的动作

estudiar
(动词)
学习 ★★★★

estudiar duro
(词语)
用功 ★★★

investigar
(动词)
研究 ★★★★

aprender
(动词)
学习 ★★★★

practicar
(动词)
练习 ★★★★

incorporar
(动词)
参加 ★★★★

participar
(动词)
参加 ★★★★

especializarse
(动词)
专攻 ★★★★

repetir
(动词)
重复 ★★★★

absorber
(动词)
吸收 ★★★

digerir
(动词)
消化 ★★★

comprender
(动词)
理解 ★★★

preguntar
(动词)
问 ★★★★

descubrir
(动词)
发现 ★★★★

solucionar
(动词)
解决 ★★★★

experimentar
(动词)
实验 ★★★★

animar
(动词)
鼓励 ★★★★

desarrollar
(动词)
培养 ★★★★

competir
(动词)
竞争 ★★★★

Capítulo 7 教育

状况 01 校园

词汇
入学前需准备的东西

el material
(名词)
教材

el formulario de solicitud
(词语)
申请表

la tarifa de solicitud
(词语)
申请费

los documentos de solicitud
(词语)
申请文件

el plan de estudios
(词语)
学习计划

el alojamiento
(名词)
住宿

词汇
在学校还会说到的词汇

el libro
(名词)
书

faltar a clase
(词语)
逃课

la asignatura
(名词)
科目

el trabajo / el informe
(名词)
报告

la presentación
(名词)
口头报告

el vencimiento
(名词)
到期

engañar
(动词)
作弊

el discurso
(名词)
演讲

leer
(动词)
读

deletrear
(动词)
拼字

excelente
(形容词)
全优的

el proyecto
(名词)
计划案

临时需要用到的一个句型

西 ▶ La fecha límite es para + 时间

中 ▶ 最后期限是……

- El trabajo de historia es para mañana.
  历史报告明天要交。

- La fecha límite para el registro es el próximo martes.
  登记的截止日期是下周二。

- ¿Es posible terminar todo antes de la fecha límite?
  截止日前可以完成所有的工作吗?

临时需要的生活短语

- Pasar la lista. 点名。
- Faltar a clase. 逃课。
- Hacer novillos. 逃课。
- Ausente. 缺席。
- Las vacaciones de verano. 暑假。
- Las vacaciones de invierno. 寒假。
- El alumno interno / la alumna interna. 住宿学生。
- Bien educado / Bien educada. 受过良好教育的。
- La materia fácil de aprobar. 很好通过的课。

临时需要用到的一个句型

西 ▶ **solicitar...**

中 ▶ 申请……

- Para solicitar la beca, tienes que ser un estudiante excelente.
  要申请奖学金,你的成绩必须要全得到 A。

- Yo quiero solicitar la facultad de medicina.
  我想要申请医学院。

- ¿Qué necesito para solicitar el certificado del curso?
  我需要准备什么才能申请课程的证书?

salir 的用法

西 ▶ **salir de + 地方**

中 ▶ 离开

西 ▶ **ir a + 地方**

中 ▶ 前往

- Salí de casa de mi madre alrededor de las 9 de la noche.
  昨天晚上大约九点我从我妈妈家离开。

- Mañana voy a salir de aquí.
  我明天就离开这里了。

- Me voy a Madrid esta tarde.
  我今天下午前往马德里。

状况 02
图书馆

种类
图书馆的类型

la biblioteca
(名词)
图书馆 ★★★★

la biblioteca escolar
(词语)
学校图书馆 ★★★★

la biblioteca nacional
(词语)
国家图书馆 ★★★★

la biblioteca pública
(词语)
公共图书馆 ★★★★

la biblioteca estatal
(词语)
州立图书馆 ★★

la biblioteca privada
(词语)
私立图书馆 ★★

动作
读者在图书馆会做的动作

estudiar
(动词)
学习 ★★★★

discutir
(动词)
讨论 ★★★★

buscar
(动词)
寻找 ★★★★

investigar
(动词)
研究 ★★★★

averiguar
(动词)
查阅 ★★★★

registrar
(动词)
记录 ★★★

leer
(动词)
读 ★★★★

pedir prestado
(词语)
借入 ★★★★

prestar
(动词)
借出 ★★★★

pedir prestado por la biblioteca
(词语)
从图书馆借书回家 ★★★★

devolver
(动词)
归还 ★★★★

fotocopiar
(动词)
复印 ★★★★

ver
(动词)
浏览 ★★★★

Capítulo 7 教育

状况 02 图书馆

时间
图书馆里的各种服务时间

el horario de apertura
(词语)
开馆时间 ****

la hora de cierre
(词语)
闭馆时间 ***

reservar
(动词)
预约 ****

el día de cierre
(词语)
休馆日 ***

el feriado
(名词)
假日 ***

durante el préstamo
(名词)
借出期间 ***

el evento
(名词)
活动 ***

el aviso de vencimiento
(词语)
过期通知 ***

vencer
(动词)
过期 ***

la exposición
(名词)
展览 ****

prolongar el tiempo de préstamo
(词语)
延长借期 ***

形容
在图书馆会用到的形容词

silencioso (阳性)
silenciosa (阴性)
(形容词)
安静的 ***

aburrido (阳性)
aburrida (阴性)
(形容词)
无趣的 ***

interesante
(形容词)
有趣的 ***

equipado (阳性)
equipada (阴性)
(形容词)
设备齐全的 ***

variado (阳性)
variada (阴性)
(形容词)
种类多的 ***

ruidoso (阳性)
ruidosa (阴性)
(形容词)
吵闹的 ***

状况 02
图书馆

词汇

在图书馆会看到的东西

el libro
(名词)
书籍

la colección
(名词)
藏书

el libro electrónico
(词语)
电子书

la revista
(名词)
杂志

el diario
(名词)
报纸

el carnet de biblioteca
(词语)
借书证

la sala de medios de comunicación
(词语)
视听教室

la prensa
(名词)
出版界

el catálogo de la biblioteca
(词语)
图书馆书目

el sistema de catálogo
(词语)
资料检索系统

subir al estante
(词语)
上架

el informe
(名词)
参考资料

la compensación
(名词)
赔偿

el tablón de anuncios
(词语)
公告栏

la publicación
(名词)
出版

la fotocopiadora
(词语)
复印机

el servicio de fotocopias
(词语)
复印服务

el acceso a internet
(词语)
互联网接入

Capítulo 7 教育

状况 02 图书馆

地点
图书馆里的各种地点

la sala de lectura (词语)
阅览室

el mostrador (名词)
柜台

la ventana (名词)
窗口

el armario (名词)
置物柜

la sala de conferencias (词语)
讨论室

el mostrador de préstamo (词语)
借还书处

人物
在图书馆会看到的人

el bibliotecario (阳性)
la bibliotecaria (阴性)
(名词)
图书馆管理员

el empleado (阳性)
la empleada (阴性)
(名词)
职员

el visitante (阳性)
la visitante (阴性)
(名词)
参访者

el lector (阳性)
la lectora (阴性)
(名词)
读者

动作
图书馆员会做的动作

ordenar (动词)
整理

subir al estante (词语)
图书上架

arreglar (动词)
安排

ayudar (动词)
帮忙

guardar (动词)
保管

coleccionar (动词)
收集

registrar (动词)
记录

临时需要用到的一个句型

西 ▶ tomar en préstamo / pedir prestado
中 ▶ （从图书馆）借出

- ¿Cómo se toman en préstamo los libros de la biblioteca? 如何从图书馆借出书籍呢？

西 ▶ devolver
中 ▶ 归还

- Siempre devolvía los libros de la biblioteca a tiempo. 我总是准时归还图书馆的书籍。

西 ▶ devolver...
中 ▶ 再次召回～（过期后再次发出还书通知）

- La biblioteca me pidió que devolviera los libros, pero yo ya los devolví la semana pasada. 图书馆要求我还书，但是我上礼拜就还了。

西 ▶ vencer
中 ▶ 过期

- Este libro está vencidoy, tengo que regresar de inmediato. 这本书过期了，我得赶快还。

西 ▶ prolongar la fecha de préstamo
中 ▶ 延长归期

- ¿Puedo prolongar la fecha de préstamo de este libro? 我可以延长借这本书的期限吗？

Capítulo 7 教育

状况 02 图书馆

 临时需要用到的一个句型

| 西 ▶ **pedir** 物品 **prestado a...**
| 中 ▶ 向……借入物品

| 西 ▶ **prestar** 物品 **a...**
| 中 ▶ 借出……给……

- Yo siempre pido libros prestados a la biblioteca.
  我总是到图书馆借书。
- Pedí dinero prestado a mi madre
  我向我妈妈借了一点钱。
- ¿Me puedes prestar tu bolígrafo?
  我可以和你借支笔吗？
- Cristina prestó su cámara a su mejor amiga.
  克莉丝缇娜把相机借给她的好朋友。
- Yo te puedo prestar mis libros si quieres.
  如果你想要的话，我可以把书借给你。

 临时需要的生活短语

| 西 ▶ **demasiado...** | 西 ▶ **más...**
| 中 ▶ 太…… | 中 ▶ 更……

- demasiado 太多了
- demasiado aburrido 太无聊了
- demasiado caro 太贵了
- demasiado tarde 太晚了

- más inteligente 更聪明的
- más bonito 更可爱的
- más alto 更高的
- más caro 更贵的

状况 03
考试

种类

考试种类

el examen
(名词)
考试 ★★★★

el test
(名词)
测验 ★★★★

la prueba
(名词)
随堂考 ★★★★

la prueba calificada
(词语)
资格考 ★★★★

el examen escrito
(词语)
笔试 ★★★★

la prueba en carretera
(词语)
路考 ★★★★

el examen de certificación
(词语)
检定考 ★★

el examen de simulación
(词语)
模拟考 ★★

la prueba de aptitud profesional
(词语)
就业测验 ★★

el test de aptitud
(词语)
性向测验,取向测试 ★★★

la entrevista
(名词)
面试 ★★★★

el examen semestral
(词语)
期中考 ★★★

el examen final
(词语)
期末考 ★★★

el examen técnico
(词语)
技能测试 ★★

la certificación del Consejo Médico
(词语)
专业领域通过委员会认证的(尤指医生) ★★★★

censurar
(动词)
审查 ★★★★

Capítulo 7 教育

状况 03 考试

人物
考试的相关人员

el tomador del examen (阳性)
la tomadora del examen (阴性)
(词语)
考生 ★★★

el supervisor (阳性)
la supervisora (阴性)
(名词)
监考官 ★★★

el editor del examen (阳性)
la editora del examen (阴性)
(名词)
出题者 ★★

动作
考试时会做的动作

participar (动词)
参加 ★★★

incorporar (se) (动词)
参加 ★★★★

registrarse (动词)
报名 ★★★★

pensar (动词)
思考 ★★★★

analizar (动词)
分析 ★★★★

resolver (动词)
解答 ★★★★

controlar (动词)
掌握 ★★★★

revisar (la respuesta) (动词)
检查（答案）★★★★

adivinar (动词)
猜测 ★★★★

elegir (动词)
选择 ★★★★

decidir (动词)
决定 ★★★★

rendir (动词)
放弃 ★★★★

engañar (动词)
作弊 ★★★

entregar (动词)
交卷 ★★★★

状况 03
考试

形容
跟考试相关的形容词

difícil (形容词) ★★★★
难的

simple (形容词) ★★★★
简单的

complicado (阳性)
complicada (阴性)
(形容词) ★★★★
复杂的

fácil (形容词) ★★★
轻松的

nervioso (阳性)
nerviosa (阴性)
(形容词) ★★★★
紧张的

词汇
考试的注意事项

la fecha del examen (词语) ★★★
考试日期

el tiempo del examen (词语) ★★★
考试时间

durante el examen (词语) ★★★
考试期间

la sala de examen (词语) ★★★
考场

la organización (名词) ★★★
机构

la norma (名词) ★★★★
规定

el reglamento (名词) ★★★★
规则

la asignatura (名词) ★★★★
科目

la experiencia (名词) ★★★★
经验

el cuestionario (词语) ★★★
问卷

la competencia (名词) ★★★★
竞争

la oportunidad (名词) ★★★★
机会

el requisito (名词) ★★★
入学标准

Capítulo 7 教育

状况 03 考试

词汇

考试分数的相关词汇

la nota
(名词) ****
成绩

el boletín
(名词) ****
成绩单

apobar
(动词) ****
通过

la retención
(名词) ***
留级

suspender
(动词) ****
没通过

la puntuación
(名词) ****
分数

la puntuación original
(词语) ***
原始分数

el estándar
(名词) ****
标准

el total
(名词) ****
平均成绩

calificado (阳性)
calificada (阴性)
(形容词) ****
有资格的

suspendido (阳性)
suspendida (阴性)
(形容词) ****
被暂停的

descalificado (阳性)
descalificada (阴性)
(形容词) ****
失去资格的

动作

考试前后会做的动作

preocuparse
(动词) ****
担心

preparar
(动词) ****
准备

rezar
(动词) ****
祈祷

repasar
(动词) ****
复习

pronosticar
(动词) ***
预测

relajarse
(动词) ****
放松

临时需要用到的一段对话
考试前和朋友讨论考试

A: ¿Cómo te fue con la preparación para el examen de ingreso en la facultad? ¿Está todo bien?
这次的大学入学考试准备的如何？没问题吧？

B: He estudiado todo el libro, pero no me siento seguro en absoluto.
全部读了，但完全没信心。

A: ¿Has practicado el cuestionario? Trabajaré en ello esta noche.
你做过题库了？我今天打算要来读题库。

B: Yo también, solamente faltan dos semanas. Estoy muy nervioso.
我也是一样，只剩两个星期了，我好紧张喔。

A: Hay un montón de cosas que hacer, tengo que quedarme hasta tarde.
还有好多事要做，我又得熬夜了。

B: ¡Recemos juntos!
我们一起祈祷吧！

西 ▶ **Rezar / Cruzar los dedos**
中 ▶ 祈祷

Capítulo 7 教育

状况 03 考试

临时需要用到的一段对话

考完试讨论

A: ¿Cómo te fue el examen? ¿Crees que aprobarás?
你考得怎么样？会过吗？

B: ¡Quién sabe! He intentado hacerlo lo mejor posible, pero era tan difícil.
谁知道呢！我已经尽力了，但题目好难。

A: ¡Totalmente, pensé que podría aprobarlo fácil!
就是呀，我还以为我可以轻松过关呢！

B: Debería haber estudiado más antes. No puedo suspender de nuevo.
我应该早点开始读书的，我不能再被挡住了。

A: Recemos y empecemos a preparar el examen final.
一起祈祷吧，然后开始准备期末考。

B: Cierto, esa es nuestra última oportunidad.
没错，那是最后的机会了。

A: Pero, ¿crees que alguien podrá aprobarlo?
但，你觉得有人有可能考过吗？

B: Bueno, siempre hay lumbreras ahí fuera.
你知道的，人外有人。

状况 04
社团活动

人物

社团活动的相关人员

el miembro (阳性)
la miembro (阴性)
(名词)
社员 ★★★★

el plan de eventos / actividades
(词语)
活动规划 ★★★

el novato (阳性)
la novata (阴性)
(名词)
新生 ★★★★

el entrenador (阳性)
la entrenadora (阴性)
(名词)
教练 ★★★★

el presidente (阳性)
la presidenta (阴性)
(名词)
社长 ★★★

el celador (阳性)
la celadora (阴性)
(名词)
值日生 ★★★

el jugador (阳性)
la jugadora (阴性)
(名词)
球员 ★★★★

el principiante (阳性)
la principiante (阴性)
(名词)
初学者 ★★★★

el actor (阳性)
la actriz (阴性)
(名词)
演员 ★★★★

种类

球类运动的社团

el béisbol
(名词)
棒球 ★★★★

el fútbol
(名词)
足球社 ★★★★

el voleibol
(名词)
排球 ★★★★

el ping pong
(名词)
乒乓球 ★★★★

el tenis
(名词)
网球 ★★★★

el bádminton
(名词)
羽毛球 ★★★

Capítulo 7 教育

状况 04 社团活动

种类
球类运动的社团

el baloncesto
(名词)
篮球 ★★★★

el fútbol
(名词)
橄榄球；足球 ★★★★

el balonmano
(名词)
手球 ★★★

el sóftbol
(名词)
垒球 ★★★

la bola de regate
(词语)
躲避球 ★★★

el golf
(名词)
高尔夫球 ★★★★

种类
运动社团

la maratón
(名词)
马拉松 ★★★★

el esgrima
(名词)
击剑 ★★★

el taekwondo
(名词)
跆拳道 ★★★

la natación
(名词)
游泳 ★★★★

la pista y el campo
(词语)
田径 ★★★

el patín
(名词)
溜冰 ★★★

el esquí
(名词)
滑雪 ★★★

escalar la montaña
(词语)
登山 ★★★★

el ciclismo
(名词)
骑车 ★★★★

el deporte extremo
(词语)
极限运动 ★★★★

el baile
(名词)
舞蹈 ★★★★

la gimnasia
(名词)
体操 ★★★

el yoga
(名词)
瑜伽 ★★★

la equitación
(名词)
马术 ★★★

状况 04
社团活动

种类

静态活动的社团

el inglés
(名词)
英语 ★★★

la caligrafía
(名词)
书法 ★★★

el arte
(名词)
美术 ★★★★

la radiodifusión
(名词)
广播 ★★★

la actuación
(名词)
戏剧 ★★★★

la discusión
(名词)
辩论 ★★★★

la animación
(名词)
动画 ★★★★

la jardinería
(词语)
园艺 ★★★★

la fotografía
(名词)
摄影 ★★★★

la cocina
(名词)
烹饪 ★★★★

el arte de arreglo floral
(词语)
插花 ★★★

la computación / informática
(名词)
电脑 ★★★★

la astronomía
(名词)
天文学 ★★★★

el asunto internacional
(词语)
国际事务 ★★★★

la edición
(名词)
报纸编辑 ★★★★

el coro
(名词)
合唱团 ★★★★

el ajedrez
(名词)
棋艺 ★★★★

la banda
(名词)
乐团 ★★★★

Capítulo 7 教育

状況 04 社团活动

动作
社团生活会用到的动作

inscribir (动词)
入社

hacer (动词)
做

reclutar (动词)
招生

fabricar (动词)
制作

participar (动词)
参加

lograr (动词)
完成

retirar (动词)
退社

visitar (动词)
参观

progresar (动词)
进步

aprender (动词)
学习

practicar (动词)
练习

la atención (名词)
专心致志

形容
社团生活的相关形容词

delicado (阳性)
delicada (阴性)
(形容词)
全心投入的

inspirador (阳性)
inspiradora (阴性)
(形容词)
启发的

interesante (形容词)
有趣的

profesional (形容词)
专业的

atractivo (阳性)
atractiva (阴性)
(形容词)
吸引人的

divertido (阳性)
divertida (阴性)
(形容词)
好玩的

状况 04
社团活动

词汇

社团活动会用到的词汇

la oficina
(名词) ★★★★
办公室

la conducta
(名词) ★★★
引导，管理

el ambiente
(名词) ★★
气氛

enseñar
(动词) ★★★★
教导

usar
(动词) ★★★★
使用

después de clase
(词语) ★★★
放学后

útil
(形容词) ★★★
实用的

el interés
(名词) ★★★★
兴趣

gratuito (阳性)
gratuita (阴性)
(形容词) ★★★★
免费的

preparar
(动词) ★★★★
准备

la práctica
(名词) ★★★★
实施

el cobro
(名词) ★★★★
收费

la gestión
(名词) ★★★★
管理

la notificación
(名词) ★★★★
通知

abandonar
(动词) ★★★★
放弃

¡Vamos!
(感叹词) ★★★
加油！

Capítulo 7 教育

状况 04 社团活动

词汇
和社团成员相处的情况

bienvenido (阳性)
bienvenida (阴性)
(形容词) ★★★★
受欢迎的

educado (阳性)
educada (阴性)
(形容词) ★★★
礼仪的

el respeto (名词) ★★★★
尊敬

exhortar (动词) ★★
规劝

advertir (动词) ★★★
警告

llevarse bien (词语) ★★★★
处得来

词汇
社团活动会练习的事物

practicar (动词) ★★★★
练习

poner (动词) ★★★★
播放

dibujar (动词) ★★★
描绘

la obra (名词) ★★★★
作品

escribir (动词) ★★★★
书写

ensayar (动词) ★★★
排练

词汇
社团活动能学习到的

la especialidad (名词) ★★★
专长

cantar (动词) ★★★★
唱歌

pintar (动词) ★★★★
绘画

la pintura de acuarela (词语) ★★★
水彩画

la pintura al óleo (词语) ★★
油画

临时需要用到的一段对话

讨论社团活动

A: ¿Has participado en algún club estudiantil?
你有参加什么学生社团吗?

B: Todavía no, ¿tienes alguna recomendación?
还没有,你有没有什么推荐的呢?

A: ¿Qué te interesa?
你对什么事有兴趣呢?

B: Estoy muy interesado en el cómic japonés, que es un tipo de animación. ¿Lo conoces?
我对日本的漫画很有兴趣,那是动画的一种,你知道吗?

A: Bueno, entonces, ¿por qué no participas en el club de animación?
那么,怎么不参加漫画研究社呢?

B: Si hay alguno me gustaría participar en él.
如果有的话我当然想参加啊。

A: Creo que hay un montón de ellos. Vamos a averiguarlo.
我相信一定有很多,去看看吧。

补充句型

西 ▶ **¿Por qué no...?**
中 ▶ 为何不……呢?

Capítulo 7 教育

状况 04 社团活动

临时需要用到的一个句型

西▶ ¿En qué te gustaría participar 团队/活动 ?

中▶ 你愿意参加什么 团队/活动 ？

- ¿En qué club estudiantil te gustaría participar?
  你愿意参加哪个学生社团活动？

西▶ Estoy muy interesado en 事物 .

中▶ 我对 事物 很有兴趣。

- Estoy muy interesado en la caligrafía.
  我对书法很有兴趣。

西▶ Soy bueno en 事物 .

中▶ 我对 事物 很在行。

- Soy bueno en la actuación.
  我对演戏很在行。

临时需要的生活短语

- Fiesta de bienvenida. 迎新派对。
- La persona del año. 年度人物。
- El líder espiritual. 精神领袖。
- El / la tragalibros. 书呆子。

临时需要用到的一个句型

西 ▶ estar interesado en...
中 ▶ 对……有兴趣

- Estoy interesado en el arte del arreglo floral.
  我对插花有兴趣。

- Estoy interesado en la cocina, especialmente en hornear.
  我对烹饪很有兴趣，尤其是烘焙。

- Iván no está interesado en la pintura.
  艾文不喜欢绘画。

❗ 要表示"我真的没兴趣、别烦我"可以用 Lo siento, pero no me interesa.

临时需要的生活短语

- La práctica hace al maestro. 熟能生巧。
- La publicación de resultados. 成果发表。
- Hacer un evento. 举办活动。
- La publicidad. 公关活动。
- Planear el evento. 活动策划。
- Miembro de la Hermandad de Mujeres. 姐妹会会员。
- El equipo de animadores. 啦啦队。

Capítulo 8
紧急状况

Ocho

01 | 问路
02 | 生病
03 | 遗失物品
04 | 打电话
05 | 拍照

临时需要用到的一个词 **西语关键词6000**

状况 01
问路

种类
问路相关的词汇

aquí
(副词) ★★★★
这里（近己方）

acá
(副词) ★★★★
这边（近己方）

allá
(副词) ★★★★
那里

allí
(副词) ★★★★
那边

lejos
(副词) ★★★★
远

cerca
(副词) ★★★★
近

cerca de
(词语) ★★★★
靠近

derecho
(副词) ★★★★
右边

izquierdo
(副词) ★★★★
左边

delante
(副词) ★★★★
前面

detrás
(副词) ★★★★
后面

la vuelta
(名词) ★★★★
转弯；周围

recto (阳性)
recta (阴性)
(形容词) ★★★★
笔直的

entre
(介词) ★★★
在……之间

地点
问路常说的地点

la calle
(名词) ★★★★
街道

el edificio
(名词) ★★★★
建筑物

la intersección vial
(词语) ★★★★
十字路口

la comisaría
(名词) ★★★★
派出所

la estación
(名词) ★★★★
车站

la parada
(名词) ★★★
公交车站牌

Capítulo 8 紧急状况

状况 01 问路

词汇
问路相关的词汇

¡Discúlpeme!
(感叹词)
不好意思！ ★★★★

la dirección
(名词)
方向 ★★★★

perdido (阳性)
perdida (阴性)
(形容词)
迷路的 ★★★★

el turista (阳性)
la turista (阴性)
(名词)
观光客 ★★★★

el extranjero (阳性)
la extranjera (阴性)
(名词)
外国人 ★★★★

el mapa
(名词)
地图 ★★★★

动作
问路会做的动作

buscar
(动词)
寻找 ★★★★

preguntar
(动词)
问 ★★★★

decir
(动词)
告诉 ★★★★

agradecer
(动词)
感谢 ★★★★

dirigir
(动词)
带路 ★★★

disculparse
(动词)
道歉 ★★★★

llegar
(动词)
到达 ★★★★

seguir todo derecho
(词语)
直走 ★★★★

girar
(动词)
转弯 ★★★

señalar
(动词)
指向 ★★★★

molestar
(动词)
打扰 ★★★★

abrir
(动词)
展开（地图）★★★★

responder
(动词)
回答 ★★★★

entender
(动词)
搞清楚 ★★★★

临时需要用到的一个句型

问路常用短句

- ¿La avenida de Mayo es por aquella dirección?
  第五大道在那个方向吗?

- ¿Debo ir por ese camino al parque?
  我应该走那边去公园吗?

- ¿Adónde vas? Por acá, por favor.
  你要去哪儿?请往这边。

临时需要的生活短语

- Pedir ayuda.
  寻求协助。

- Preguntar el camino.
  问路。

- Estoy perdido.
  我迷路了。

- En frente.
  在对面。

- Seguir todo derecho.
  直走。

- Seguro que lo ves.
  你一定会看到的。

Capítulo 8 紧急状况

状况 01 问路

临时需要用到的一个句型

西 ▶ Me parece que 某物 / 某人 es + 形容词
中 ▶ 我觉得(某物/某人)如何

- Me parece que él es atractivo.
  我觉得他很迷人。
- Me parece que el libro es interesante.
  我觉得这本书很有趣。
- Me parece que es una fina pieza.
  我觉得这是一件精美的作品。

临时需要的生活短语

- No entres en pánico. 你别慌张。
- ¿Podrías decirlo de nuevo, por favor?
  能请你再说一遍吗？
- Habla más despacio, por favor. 请你慢慢说。
- Tómate tu tiempo. 你慢慢来。
- Gracias por tu ayuda. 谢谢你的帮忙。
- ¿Lo he dicho con claridad? 我有说清楚吗？
- Cruzar la calle. 过马路。

状况 02
生病

症状
生病会产生的症状

enfermo (阳性)
enferma (阴性)
(形容词) ****
生病的

la gripe
(名词) ****
流感

el dolor de cabeza
(词语) ****
头痛

la gastroenteritis
(名词) ***
肠胃炎

la diarrea
(名词) ****
拉肚子

la intoxicación alimentaria
(词语) ****
食物中毒

la tos
(名词) ****
咳嗽

el estornudo
(名词) ****
打喷嚏

el mareo
(名词) ****
头晕

la nariz congestionada
(词语) ****
鼻涕, 鼻子堵了

la flema
(名词) ****
痰

la alergia
(名词) ****
过敏

el vómito
(名词) ****
呕吐

词汇
生病时常见的身体状况

sentir
(动词) ****
感觉; 感受

la temperatura corporal
(词语) ****
体温

la fiebre
(名词) ****
发烧

dolorido (阳性)
dolorida (阴性)
(形容词) ***
疼痛的

cansado (阳性)
cansada (阴性)
(形容词) ****
累的

agotado (阳性)
agotada (阴性)
(形容词) ****
精疲力竭的

Capítulo 8 紧急状况

状况 02 生病

种类

常见的生病种类

el dolor de muelas
(词语)
牙痛 ★★★

el insomnio
(名词)
失眠 ★★★

el estreñimiento
(名词)
便秘 ★★★★

la osteoporosis
(名词)
骨质疏松 ★★

la úlcera
(名词)
胃溃疡 ★★★

el dolor estomacal
(词语)
胃痛 ★★★★

el dolor menstrual
(词语)
生理痛（经期的）★★★

la diabetes
(名词)
糖尿病 ★★★★

el cáncer
(名词)
癌症 ★★★★

el infarto
(名词)
梗塞 ★★★★

la hipertensión
(名词)
高血压 ★★★★

la artritis
(名词)
关节炎 ★★★

la anemia
(名词)
贫血 ★★★

la desnutrición
(名词)
营养失调 ★★

la obesidad
(名词)
肥胖 ★★★★

la menopausia
(名词)
绝经 ★★★★

la depresión
(名词)
抑郁症 ★★★★

el accidente cerebrovascular
(词语)
中风 ★★★

en coma
(词语)
昏迷 ★★★★

en shock
(词语)
休克 ★★★★

状况 02
生病

词汇
和生病相关的词汇

el síntoma (名词) ★★★★
症状

el síndrome (名词) ★★★★
并发症

la cura (名词) ★★★★
治疗

el tratamiento (名词) ★★★★
疗法

la respiración (名词) ★★★★
呼吸

la respiración profunda (词语) ★★★★
深呼吸

la prevención (名词) ★★★★
预防

el metabolismo (名词) ★★★★
新陈代谢

la medicación (名词) ★★★★
药物

el diagnóstico (名词) ★★★★
诊断

la cirugía (名词) ★★★★
手术

la inyección (名词) ★★★
注射

sanar (动词) ★★★★
治愈

词汇
和医院相关的词汇

el hospital (名词) ★★★★
医院

la rehabilitación (名词) ★★★★
出院

el doctor (阳性) **la doctora** (阴性) (名词) ★★★★
医生

el enfermero (阳性) **la enfermera** (阴性) (名词) ★★★★
护士

la ambulancia (名词) ★★★★
救护车

la emergencia (名词) ★★★★
急诊

Capítulo 8 紧急状况

状况 02 生病

动作

生病时会做的动作

convertir (动词) ★★★
变得

tomar (el medicamento) (动词) ★★★
吃（药）

dormir (动词) ★★★★
睡觉

acostarse (动词) ★★★★
躺

descansar (动词) ★★★★
休息

quejarse (动词) ★★★★
抱怨

gemir (动词) ★★★★
呻吟

inyectar (动词) ★★★★
打针

culpar (动词) ★★★★
责怪

rehabilitar (动词) ★★
康复

cumplir (动词) ★★★★
遵守（医嘱）

en cuarentena (por orden de médico) (词语) ★★★★
隔离

cuidar (动词) ★★★★
照顾

形容

和生病相关的形容词

doloroso (阳性)
dolorosa (阴性) (形容词) ★★★★
疼痛的

energético (阳性)
energética (阴性) (形容词) ★★★★
精力旺盛的

saludable (形容词) ★★★★
健康的

grave (形容词) ★★★
严重的

débil (形容词) ★★★
虚弱的

temporal (形容词) ★★★★
暂时的

permanente (形容词) ★★★★
永久的

临时需要用到的一个句型

西 ▶ **reservar la cita**
中 ▶ 预约看诊

- Tengo que reservar una cita con mi dentista.
  我得和我的牙医预约就诊。

- ¿Has reservado la cita con el Dr. Cohen?
  你预约柯恩医生了吗?

- ¿Quieres reservar una cita para el próximo tratamiento?
  你想预约接下来的疗程吗?

临时需要的生活短语

- Hacer algún análisis.
  做些检查。

- Cumplir la orden del médico.
  遵照医嘱。

- Tomar la medicación.
  服用药物。

- Bajo medicación.
  正在服用药物中。

- El diagnóstico de médico.
  医师诊断。

Capítulo 8 紧急状况

状况 02 生病

临时需要用到的一个句型

病况描述

西 ▶ Me siento...
中 ▶ 我觉得……

- Me siento mareado / a. 我觉得头好晕。
- Siento picazón. 我觉得很痒。
- No me siento bien. 我觉得不太舒服。

西 ▶ Tengo...
中 ▶ 我有……

- Tengo dolor de garganta. 我喉咙痛。
- Tengo dolor de cabeza. 我头痛。
- Tengo diarrea constantemente. 我经常拉肚子。

西 ▶ Sigo...
中 ▶ 我一直……

- Sigo vomitando. 我一直吐。
- Sigo mareándome / mareado. 我一直觉得很晕。

临时需要的生活短语

- La queja del paciente. 病人的抱怨。
- Recibir una buena atención. 受到良好的照顾。
- En estado de coma. 昏迷中。

状况 03
遗失物品

种类	词汇	词汇
遗失的物品	遗失物品的原因	跟东西遭窃有关的词汇

el monedero
(名词)
★★★★
钱包

el celular / el móvil
(名词)
★★★
手机

el documento de identidad
(名词)
★★★★
证件

el pasaporte
(名词)
★★★★
护照

la tarjeta de crédito
(词语)
★★★
信用卡

el equipaje
(名词)
★★★★
行李

robar
(动词)
★★★★
偷窃

cambiar
(动词)
★★★★
调包

perder
(动词)
★★★★
遗失

dejar
(动词)
★★★★
遗落

olvidar
(动词)
★★★★
忘记

saltear / atracar / asaltar
(动词)
★★★★
抢劫

el ladrón (阳性)
la ladrona (阴性)
(名词)
★★★★
小偷

el ratero (阳性)
la ratera (阴性)
(名词)
★★★★
扒手

el descuido
(名词)
★★★★
疏忽

la seguridad pública
(词语)
★★★
治安

a propósito
(词语)
★★★★
故意

disfrazarse
(动词)
★★★★
伪装

Capítulo 8 紧急状况

状况 03 遗失物品

词汇
跟失物申请相关的词汇

notificar (动词)
报案、告知

declarar (动词)
申报

los datos de contacto (词语)
联系信息

describir (动词)
描述

registrar (动词)
记录

recogido (阳性) **recogida** (阴性) (形容词)
拾到的

el lugar (名词)
地点

el artículo (名词)
物品

resolver (动词)
处理

el formulario (名词)
表格

la apreciación (名词)
感激之情

devolver (动词)
返还

地点
跟失物有关的地点

la compañía de la tarjeta de crédito (词语)
信用卡公司

la comisaría (名词)
警察局

el centro de información (词语)
服务台

el centro de objetos perdidos (词语)
失物招领处

la seguridad (名词)
警卫

la aerolínea (名词)
航空公司

415

状况 03
遗失物品

地点
容易遗失物品的地点

la estación de subte / metro
(词语)
地铁站 ★★★★

el lugar escénico
(词语)
景点 ★★★★

el mercado
(名词)
市场 ★★★★

el colectivo / autobús
(名词)
公交车 ★★★★

el centro comercial
(词语)
百货公司 ★★★★

el aeropuerto
(名词)
机场 ★★★★

词汇
和东西遗失有关的形容词

arrepentirse
(动词)
懊悔 ★★★★

generalmente
(副词)
经常 ★★★★

el tipo
(名词)
种类 ★★★

muy
(副词)
非常 ★★★★

¿Cómo se hace?
(疑问句)
如何做? ★★★★

correcto (阳性)
correcta (阴性)
(形容词)
正确的 ★★★★

triste
(形容词)
伤心的 ★★★

importante
(形容词)
重要的 ★★★★

necesario (阳性)
necesaria (阴性)
(形容词)
必要的 ★★★★

honesto (阳性)
honesta (阴性)
(形容词)
老实的 ★★★★

vergonzoso (阳性)
vergonzosa (阴性)
(形容词)
令人羞愧的 ★★★

Capítulo 8 紧急状况

状况 03 遗失物品

动作

失主可能做的动作

buscar
(动词)
找寻

llamar por teléfono
(词语)
打电话

suspender
(动词)
暂停

notificar
(动词)
通知

renunciar
(动词)
放弃

preocuparse
(动词)
担心

gritar
(动词)
喊叫

preguntar
(动词)
询问

la emisión
(名词)
广播

contactar
(动词)
联系

solicitar
(动词)
申请

cancelar
(动词)
取消

aplazar
(动词)
延后（班机、行程）

arreglar
(动词)
安排

informar de la pérdida
(词语)
报失

confirmar
(动词)
确认

dudar
(动词)
怀疑

recordar
(动词)
回想

pánico
(名词)
惊慌

describir
(动词)
描述

状况 03
遗失物品

词汇

寻人时可能需要的词汇

la altura (名词)
身高

el niño (阳性)
la niña (阴性)
(名词)
幼儿

puesto (阳性)
puesta (阴性)
(形容词)
穿戴着的

sordo (阳性)
sorda (阴性)
(形容词)
聋的

extranjero (阳性)
extranjera (阴性)
(形容词)
外籍的

de cabello corto (词语)
短发的

la característica (名词)
特征

moreno (阳性)
morena (阴性)
(形容词)
黑发的

rubio (阳性)
rubia (阴性)
(形容词)
金发的

moreno (阳性)
morena (阴性)
(形容词)
棕发的

de cabello largo (词语)
长发的

la edad (名词)
年龄

bajo (阳性)
baja (阴性)
(形容词)
矮的

flaco (阳性)
flaca (阴性)
(形容词)
瘦的

gordo (阳性)
gorda (阴性)
(形容词)
胖的

alto (阳性)
alta (阴性)
(形容词)
高的

viejo (阳性)
vieja (阴性)
(形容词)
老的

Capítulo 8 紧急状况

状况 03 遗失物品

动作
捡到物品的动作

encontrar
(动词)
找到

descubrir
(动词)
发现

devolver
(动词)
归还

enviar
(动词)
寄送

levantar
(动词)
捡起来

solucionar
(动词)
处理

ignorar
(动词)
忽视

词汇
遗失物品后申请保险的相关词汇

el seguro
(名词)
保险

el documento
(名词)
申请文件

el formulario de solicitud
(词语)
申请表

la prueba
(名词)
证明

la evidencia
(名词)
证据

el proceso
(名词)
手续

el recibo
(名词)
收据

la compensación
(名词)
赔偿金

la responsabilidad
(名词)
责任

el recargo
(名词)
手续费

la devolución
(名词)
退还

el rechazo
(名词)
拒绝

419

临时需要用到的一个句型

西 ▶ dejar... en...
中 ▶ 把……遗忘在（地方）

- Dejé mi abrigo en el restaurante.
  我把外套忘在餐厅里了。
- Anoche me dejé mi ordenador portátil en la oficina.
  我昨天把笔记本电脑忘在办公室了。
- No dejéis la basura en el parque después del pícnic.
  野餐结束后，请不要把垃圾留在公园。
- ¿Por casualidad dejé mi bufanda en tu casa?
  我是不是不小心把围巾留在你家了？

临时需要的生活短语

- ¿Qué buscas? 你在找什么呢？
- Encontré tu billetera. 我找到你的钱包了。
- Han robado mi billetera. 我的钱包被偷了。
- Necesito dar parte de mi pasaporte perdido.
  我必须要把护照报失。
- Cancelar una tarjeta de crédito perdida.
  信用卡报失。
- Retrasar el vuelo. 班机延误。
- Cancelar el vuelo. 航班取消。

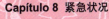
Capítulo 8 紧急状况
状况 03 遗失物品

临时需要用到的一个句型

 Estoy buscando...
中▶ 我正在找 / 寻找……

- Estoy buscando a mi hija, ¿has visto a la chica de la foto?
  我在找我的女儿,你有看到过照片中的女孩吗?

- Estoy buscando la entrada del metro, ¿sabes dónde está?
  我在找地铁入口,你知道在哪儿吗?

- Estoy buscando mi billetera. Pensé que la había dejado aquí.
  我在找我的钱包,我以为我放在这儿了。

- Estoy buscando a mi amigo. Creo que se ha perdido.
  我在找我的朋友,我想他应该迷路了。

临时需要的生活短语

有关小偷 / 扒手的其他说法

- El ratero de tiendas.
  偷窃商店货物的扒手。

- Tener los dedos pegajosos.
  有窃盗习惯的人。

临时需要用到的一个词 **西语关键词6000**

状况 04
打电话

种类
电话种类

el teléfono
(名词)
电话
★★★★

el teléfono móvil / el celular
(词语 / 名词)
移动电话
★★★★

el teléfono público
(词语)
公共电话
★★★★

la llamada local
(词语)
市内电话
★★★★

la llamada de internet
(词语)
网络电话
★★★

el teléfono inalámbrico
(词语)
无线电话
★★★★

el contestador automático
(词语)
答录机，自动回答机
★★★★

la llamada nacional
(词语)
国内电话
★★★★

la llamada internacional
(词语)
国际电话
★★★★

la videollamada
(名词)
视频电话
★★★★

服务
电话会有的服务

el modo avión
(词语)
飞行模式
★★★★

la llamada en espera
(词语)
拨打
★★★★

el mensaje
(名词)
短信
★★★★

el correo de voz
(词语)
语音信箱
★★★★

el fax
(名词)
传真
★★★

el identificador de llamadas
(词语)
来电显示服务
★★★★

♫
422

Capítulo 8 紧急状况

状况 04 打电话

词汇
和电话有关的词汇

el número (名词)
号码

el auricular (名词)
听筒；耳机

el micrófono (名词)
话筒

el teclado (名词)
键盘

la extensión (名词)
分机

mantener (动词)
保留

词汇
和电话相关的形容词

primero (阳性)
primera (阴性)
(形容词)
首先的

siguiente (形容词)
接着的

exactamente (副词)
确实地

brevemente (副词)
简洁地

urgentemente (副词)
紧急地

ruidoso (阳性)
ruidosa (阴性)
(形容词)
吵的

fuerte (形容词)
大声的

vibrar (动词)
震动

silencioso (阳性)
silenciosa (阴性)
(形容词)
静音的

ocupado (阳性)
ocupada (阴性)
(形容词)
忙碌的

barato (阳性)
barata (阴性)
(形容词)
便宜的

el susurro (名词)
低语声

状况 04
打电话

词汇

和打电话相关的词汇

el número de teléfono
(词语) ★★★★
电话号码

la guía telefónica
(词语) ★★★★
电话簿

la línea interna
(词语) ★★★★
内线电话

las fórmulas de la conversación telefónica
(词语) ★★★
电话礼仪

dejar (el mensaje)
(动词) ★★★★
留(言)

el mensaje
(名词) ★★★★
留言

el tono
(名词) ★★★★
铃声

la batería
(名词) ★★★★
电池

el operador (阳性)
la operadora (阴性)
(名词) ★★★
接线员

afuera
(副词) ★★★★
外出中

la llamada de conferencia
(词语) ★★★
电话会议

la llamada equivocada
(词语) ★★★★
拨错电话

la llamada de emergencia
(词语) ★★★
紧急电话

espera un segundo
(词语) ★★★★
稍等；别挂断

comunicar
(动词) ★★★★
联系

contactar
(动词) ★★★★
联系

la recepción
(名词) ★★★★
收信息

la señal
(名词) ★★★★
信号

Capítulo 8 紧急状况

状况 04 打电话

动作

打电话会做的动作

hablar
(动词)
通话

escuchar
(动词)
听

marcar
(动词)
拨号

remarcar
(动词)
重打

guardar
(动词)
保留通话

colgar
(动词)
挂电话

pasar
(动词)
转接

llamar a... atender el teléfono
(词语)
叫……听电话

introducir
(动词)
输入

presionar
(动词)
按

balbucear
(动词)
口齿不清

aceptar
(动词)
接受

cambiar
(动词)
切换

comenzar
(动词)
开始

finalizar
(动词)
结束

charlar
(动词)
闲聊

conversar
(动词)
讨论

expresar
(动词)
表达

invitar
(动词)
邀请

临时需要用到的一段对话

电话联系

A: Hola, ¿puedo hablar con Marie?
你好,我可以和玛莉说话吗?

B: Está hablando, ¿quién la busca?
我就是玛莉,请问哪位找我?

A: Soy de la oficina de Jenny Wang. Por favor, espera un segundo. Te paso la llamada.
这里是王珍妮的办公室,你稍等一下,我把电话转过去。

C: Gracias por tu paciencia, Marie.
玛莉,谢谢你的耐心。

B: De nada. ¿En qué te puedo ayudar?
别客气,请问有什么事吗?

C: En realidad, quiero pedirte un favor...
事实上,我想请你帮个忙……

B: La señal es mala y no te puedo escuchar bien.
你断断续续的,我没有办法听清楚。

C: ¿Hola?
你好?

B: ¿Puedo llamarte yo? La señal es muy mala.
我可以回电话给你吗?信号很差。

Capítulo 8 紧急状况

状况 04 打电话

临时需要用到的一个句型

西 ▶ **Soy** 人名 **de** 地点／公司.
中 ▶ 我是 地点／公司 的 人名。（电话／见面用语）

- Soy Pablo de Citibank.
  我是花旗银行的保罗。

西 ▶ **Llamo de (parte de)** 地点／公司／人物.
中 ▶ 我是 地点 的 人名。（电话用语）

- Llamo de la editorial I'm.
  这里是我识出版社。

临时需要的生活短语

- Hacer una llamada telefónica. 打电话。
- Responder a la llamada de teléfono. 接听电话。
- Hazme una llamada. / Llámame. 打给我。
- Marcar el número. 拨打这个号码。
- Llama... para atender el teléfono. 叫……听电话。
- ¿Puedes dejar un mensaje? 你可以留言吗？
- ¿Quieres dejar un mensaje? 你想要留言吗？
- Él no está. / No se encuentra en este momento.
  他不在。

状况 05
拍照

种类
相机的种类有哪些

la cámara
(名词)
相机
★★★★

la cámara digital
(词语)
数码相机
★★★★

la cámara réflex de un sólo objetivo (SLR)
(词语)
单镜头相机
★★★

la cámara de película
(词语)
底片机
★★★

la videocámara
(名词)
摄影机
★★★

种类
拍照的主题有哪些

la persona
(名词)
人物
★★★

el retrato
(名词)
肖像
★★★★

el animal
(名词)
动物
★★★★

la vida cotidiana
(词语)
日常生活
★★★

la gastronmía
(名词)
美食
★★★★

el deporte
(名词)
运动
★★★★

el paisaje
(名词)
自然风景
★★★★

el atardecer
(名词)
夕阳
★★★★

el amanecer
(名词)
日出
★★★★

la planta
(名词)
植物
★★★★

el edificio
(名词)
建筑物
★★★★

el festival
(名词)
庆典活动
★★★★

la autofoto / el selfie
(名词)
自拍
★★★★

Capítulo 8 紧急状况

状况 05 拍照

种类

相机镜头

el objetivo
(名词)
镜头 ★★★★

el objetivo fijo
(词语)
定焦镜头 ★★★★

el teleobjetivo
(名词)
长焦镜头 ★★

el objetivo zoom
(词语)
变焦镜头 ★★★

el objetivo gran angular
(词语)
广角镜头 ★★★

la distancia focal
(词语)
焦距 ★★★★

词汇

跟相片有关的词汇

la foto
(名词)
相片 ★★★★

el álbum
(名词)
相簿 ★★★★

el registro
(名词)
记录 ★★★★

el recuerdo
(名词)
回忆 ★★★★

el momento
(名词)
瞬间 ★★★★

la instantánea
(名词)
随手拍 ★★★★

la exposición
(名词)
曝光 ★★★★

la profundidad de campo
(词语)
景深 ★★★★

revelar
(动词)
洗(照片) ★★★★

editar
(动词)
修片,编辑 ★★★★

la formación
(名词)
显像 ★★★★

el zoom
(名词)
缩放功能 ★★★★

el píxel
(名词)
像素 ★★★★

临时需要用到的一个词 西语关键词6000

状况 05
拍照

词汇

照相还会用到的其他词汇有哪些

la resolución (名词) ★★★★
分辨率

la oftalmología (名词)
光学

agudo (阳性) **aguda** (阴性) (形容词) ★★★★
锐利的

el obturador (名词) ★★★★
快门

el flash (名词) ★★★★
闪光灯

el filtrante (名词) ★★★
滤镜

el bokeh (名词) ★★
散景

borroso (阳性) **borrosa** (阴性) (形容词) ★★★★
模糊的

el sensor (名词) ★★★★
感光元件

el marco completo (词语) ★★
全幅

la abertura (名词) ★★★★
光圈

la profundidad de campo (词语)
景深

la fotografía (名词) ★★★★
摄影

la técnica (名词) ★★★
技术

la escala de sensibilidad fotográfica (ISO) (词语) ★★★
感光值

la aberración (名词) ★★★
色差

la imagen (名词) ★★★★
影像

el fotógrafo (阳性) **la fotógrafa** (阴性) (名词) ★★★★
摄影师

el brillo (名词) ★★
亮度

Capítulo 8 紧急状况

状况 05 拍照

动作
照相会做的动作

fotografiar (动词)
拍照

la toma continua (词语)
连拍

la instantánea (名词)
随手拍

usar (动词)
利用

la sensación (名词)
感觉

posar (动词)
摆姿势

imprimir (动词)
打印相片

sonreír (动词)
微笑

saltar (动词)
跳

el zoom in (词语)
(镜头)拉近

el zoom out (词语)
(镜头)拉远

eliminar (动词)
删除

subir (动词)
上传

形容
照相会用到的形容词

lindo (阳性)
linda (阴性)
(形容词)
漂亮的

asombroso (阳性)
asombrosa (阴性)
(形容词)
惊人的

maravilloso (阳性)
maravillosa (阴性)
(形容词)
精彩的

claro (阳性)
clara (阴性)
(形容词)
清楚的

favorito (阳性)
farovita (阴性)
(形容词)
最喜爱的

临时需要用到的一个句型

西 ▶ usar + 工具 para 动作
中 ▶ 使用……做……

- Frecuentemente uso mi iPhone para tomar fotos, que es muy práctico.
  我经常用我的苹果手机拍照,很方便。

- Yo uso Photoshop para editar imágenes.
  我用Photoshop来编辑影像。

- ¿Puedo usar tu impresora para imprimir las fotos?
  我可以用你的打印机打印照片吗?

临时需要的生活短语

- ¡Todos, digan: "queso"!
  大家笑一个吧!(拍照时)

- ¿Podrías ayudarnos a tomar una foto, por favor?
  可以请你帮我们拍照吗?

- Al padre de Iris le gusta tomar fotos de ella.
  艾莉丝的爸爸很喜欢帮她拍照。

- Esta es una gran foto. ¿Dónde la has tomado?
  这真是一张好照片,在哪儿拍的呢?

- Kevin es un fotógrafo profesional. Es dueño de su propio estudio.
  凯文是专业摄影师,他拥有自己的工作室。

- Mi mejor amigo es un maquillador. Ha trabajado en un montón de sesiones fotográficas de moda profesional.
  我最好的朋友是一个化妆师,他参与了很多专业的时尚拍摄。

版权专有 侵权必究

图书在版编目（CIP）数据

临时需要用到的一个词：西语关键词6000 / 张文美著.—北京：北京理工大学出版社，2019.7
ISBN 978-7-5682-7211-7

Ⅰ.①临… Ⅱ.①张… Ⅲ.①西班牙语－词汇－自学参考资料 Ⅳ.①H343

中国版本图书馆CIP数据核字（2019）第131337号

北京市版权局著作权合同登记号图字：01-2017-2132
简体中文版由我识出版社有限公司授权出版发行
临时需要用到的一个字：西语关键字6000，Victoria Chang著，2016年，初版
ISBN：9789864070282

出版发行	/ 北京理工大学出版社有限责任公司		
社　　址	/ 北京市海淀区中关村南大街5号		
邮　　编	/ 100081		
电　　话	/ (010)68914775（总编室）		
	(010)82562903（教材售后服务热线）		
	(010)68948351（其他图书服务热线）		
网　　址	/ http://www.bitpress.com.cn		
经　　销	/ 全国各地新华书店		
印　　刷	/ 北京紫瑞利印刷有限公司		
开　　本	/ 787毫米×1092毫米　1/32		
印　　张	/ 14		**责任编辑** / 武丽娟
字　　数	/ 406千字		**文案编辑** / 武丽娟
版　　次	/ 2019年7月第1版　2019年7月第1次印刷		**责任校对** / 刘亚男
定　　价	/ 46.00元		**责任印制** / 李志强

图书出现印装质量问题，请拨打售后服务热线，本社负责调换